스코틀랜드 교회치리서
장로교 최초의 교회헌법 본문 및 해설

스코틀랜드 교회치리서
장로교 최초의 교회헌법 본문 및 해설

1쇄 발행 | 2020년 4월 6일
2쇄 발행 | 2021년 9월 3일

지은이 박경수
펴낸이 김운용
펴낸곳 장로회신학대학교 출판부

등록 제1979-2호
주소 04965 서울시 광진구 광장로5길 25-1 (광장동)
전화 02-450-0795
팩스 02-450-0797
이메일 ptpress@puts.ac.kr
홈페이지 http://www.puts.ac.kr

값 12,000원
ISBN 978-89-7369-454-9 93230

• 잘못된 책은 바꿔 드립니다.
• 이 책은 저작권법의 보호를 받는 저작물이므로 무단 전재와 복제를 금합니다.

스코틀랜드 교회치리서

장로교 최초의 교회헌법 본문 및 해설

박경수 짓고 옮기다

장로회신학대학교출판부

머리말

질서와 품격을 갖춘
아름다운 교회정치를 꿈꾸며

개혁교회와 장로교회의 정치는 복음을 온전하게 담아내는 소중한 그릇이며, 교회를 든든하게 떠받치는 주춧돌입니다. 때문에 복음을 올바르게 전하고 교회가 그 기능을 충분히 발휘하기 위해서 교회의 정치체제가 제대로 수립되고 작동해야 합니다. 그릇이 깨지면 안에 담긴 소중한 내용물이 쏟아지는 것처럼, 교회정치가 부패하고 균열이 생기면 복음이 훼손당하게 됩니다. 건물의 주춧돌이 무너지면 건물이 틀어지고 쓰러지는 것처럼, 교회

정치가 바르게 작동하지 못하면 교회가 본연의 기능과 사명을 수행할 수가 없습니다. 그래서 교회정치가 중요합니다.

장로교회의 정치는 무엇보다 질서를 소중하게 여깁니다. 질서가 잡힌 공동체라야 안정감이 생깁니다. 무질서 속에서는 교회가 본연의 사명에 힘을 쏟을 수도 없고 복음도 제대로 전할 수가 없습니다. 장로교회가 모든 개인들의 목소리에 따라 움직이는 회중정치 제도가 아니라 장로라 불리는 공동체의 대표들을 통한 대의정치 제도를 채택한 것도 질서에 따른 정치를 추구하기 위함입니다.

장로교회는 품격을 갖춘 정치를 지향합니다. 장로교회는 당회, 노회, 대회, 총회의 동심원적 구조를 지닌 체계를 통해 의견을 조율하고 결정하고 실행하는 정치체제를 가지고 있습니다. 그 과정에서 어떤 의제든지 충분히 숙고하고 성찰할 수 있는 기회를 갖게 되는 것입니다. 장로교회가 한 사람에 의해 모든 것이 결정되는 감독정치

제도가 아닌 공동체를 대표하는 장로정치를 택한 것은 한 사람의 정치는 언제나 독재나 타락으로 이어진다는 사실을 역사로부터 배웠기 때문입니다. 따라서 회중의 인정을 받아 선출된 장로들이 서로를 견제하면서 균형을 찾아가는 품격 있는 정치를 추구합니다.

장로교회는 아름다운 정치를 소망합니다. 정치는 사람을 편안하게 하고 행복하게 만드는 통로입니다. 그런데 언제부터인가 그 소중한 정치가 '정치판'이 되어 버렸습니다. 적어도 교회정치만이라도 하나님의 아름다움을 반영하는 행복한 판이 될 수는 없는 것일까요? 하나님이 천지와 인간을 창조하면서 질서와 체계를 잡아가면서 연신 발했던 감탄, "보시기에 좋았더라."는 감탄사를 회복할 수 없는 것일까요? 더 이상 교회정치가 더럽고 추잡한 판이 되게 해서는 안 됩니다. 이제 교회정치가 하나님의 아름다운 선물이 되어야 합니다.

일찍이 아리스토텔레스가 '인간은 정치적 동물'이라

고 말한 것은 인간은 공동체를 만들어 살아가는 존재이며, 그 공동체가 매일의 일상을 유지하기 위해서는 모든 구성원이 따라야 할 규율 다시 말해 정치가 필요하다는 의미입니다. 교회도 지상의 공동체로서 자기 사명을 감당하며 영속적으로 존속하기 위해서는 규율, 즉 '교회헌법' 또는 '교회치리서'라고 불리는 정치 지침이 필요합니다.

필자가 스코틀랜드 교회치리서를 번역하여 소개하는 이유는 두 가지입니다. 첫째는 최근 한국 장로교회에서 교회의 질서와 품격을 중시하는 장로교회 정치의 정신이 상실된 것이 아닌가 하는 안타까움 때문입니다. 모두가 저마다 아전인수 격으로 장로교의 정신을 왜곡합니다. 교회헌법조차도 무시하거나 도외시하거나 잠재워 버립니다. 무질서와 추태가 일상이 되어버렸습니다. 둘째는 한국 개신교에서 장로교회가 차지하는 비중이 70% 이상임에도 불구하고 놀랍게도 역사상 최초의 장로교회 헌법인 스코틀랜드의 교회치리서가 우리말로 번역되어 있지 않다는 사실 때문입니다. 저마다 장로교의 정신과 원리를 입에 올리지만 정작 장로교회가 처음 시작되었을 때 어떤 뜻과 꿈을 품었는지는 잘 모르는 경우가 허다하다는 것입니다. 따라서 스코틀랜드 교회치리서를 꼭 소개해야 할 필요성을 느꼈습니다. 이와 같은 안타까움과 필요성이 필자로 하여금 이 일을 하도록 이끌었습니다.

물론 16세기 스코틀랜드 장로교회의 원칙과 법이 반드시 21세기 한국 장로교회의 것이 될 필요는 없습니다. 장로교회는 끊임없이 계속되는 개혁을 추구해 왔고, 각 시대마다 각 지역마다 자기 스스로의 신앙고백과 교회치리서를 가질 수 있는 권리와 자유를 누려왔습니다. 그럼에도 불구하고 우리는 16세기 스코틀랜드 장로교회의 교회치리서를 통해 장로교회가 지향했던 정신이 무엇이며, 유산이 어떤 것인지를 배울 수 있을 것이고, 앞으로 한국교회의 방향설정에 있어 큰 도움을 받을 수 있을 것입니다.

본서의 1부에서는 스코틀랜드 교회치리서를 소개하는 논문과 한국교회의 직제와 정체의 개혁을 위한 필자의 제언을 담은 글을 실었습니다. 이것이 뒤에 나오는 스코틀랜드 교회치리서를 읽는 데 길잡이가 되기를 바랍니다. 2부에서는 스코틀랜드의 종교개혁자 존 녹스가 중심이 되어 작성한 『제1치리서』1560, 앤드류 멜빌을 비롯한 30여 명의 공동 작업으로 탄생한 『제2치리서』1578를 번역하였습니다. 모쪼록 이 작은 책이 '질서'와 '품격'을 갖춘 '아름다운' 교회정치를 꿈꾸는 모든 분들에게 작은 도움이 되기를 소망합니다. 부디 한국 장로교회의 정치가 교회를 세우고 복음을 전하는 가장 효율적인 통로가 되기만을, 나아가 세상을 아름답게 만드는 지렛대가 되기를 간구합니다. 마지막으로 책의 출판을 맡아 준 장로회신학대학교의 출판부에 감사의 마음을 전합니다. 나의 사랑 장로회신학대학교가 한국교회가 나가야 할 방향을 가리키는 나침반의 소명을 잘 감당하기를, 교회와 세상을 살리고 하나님의 마음을 시원하게 하는 일군들을 배출하는 샘이 되기를 기원합니다.

2020년 3월
장로회신학대학교 너븐나루 연구실에서
박 경 수

차례

머리말 _ 5

제1부 해설

제1장 스코틀랜드 『제1치리서』에 나타난 장로교회 정치체제의 근간 _ 19

Ⅰ. 서론 _ 20

Ⅱ. 『제1치리서』의 배경 _ 23

   역사적 배경 _ 23

   문헌적 배경 _ 26

Ⅲ. 『제1치리서』의 중심 주제들 _ 31

   목사, 장로, 집사 _ 33

   시찰감독 _ 37

   예언모임 _ 42

   치리 _ 46

   교회재산 _ 50

   교육 _ 53

Ⅳ. 결론 _ 57

참고문헌 _ 60

제2장 스코틀랜드 장로교회 『제2치리서』를 통해 본
       한국장로교회 정치체제 개혁을 위한 제언 _ 63

    Ⅰ. 서론 _ 64

    Ⅱ. 『제1치리서』에서 『제2치리서』까지 _ 66

        정치적 배경 _ 67

        종교적 배경 _ 70

        『제2치리서』 작성 과정 _ 75

    Ⅲ. 『제2치리서』의 중심 주제와 특징 _ 80

        교회정치와 세속정치의 관계 _ 81

        교회의 직제와 그 직무 _ 86

        교회 회의체와 그 역할 _ 91

        교회개혁의 과제와 목적 _ 96

    Ⅳ. 한국장로교회 직제와 정체 개혁을 위한 제언 _ 99

    Ⅴ. 결론 _ 106

    참고문헌 _ 110

제2부 본문

제1장 『제1치리서』(1560) _ 115

제1항 교리에 관하여 _ 118

제2항 성례에 관하여 _ 120

제3항 우상숭배 폐지에 관하여 _ 124

제4항 목회자와 그들의 합법적 선출에 관하여 _ 126

제5항 목회자 사례와 교회의 재산 분배에 관하여(대학과 학교를 논함) _ 139

제6항 교회의 지대地代와 재산에 관하여 _ 174

제7항 교회 치리에 관하여 _ 182

제8항 장로와 집사의 선출에 관하여 _ 193

제9항 교회 정책에 관하여(결혼, 장례 등의 문제를 논함) _ 200

결론 _ 227

비공개회의의 결정, 1560년 1월 27일 _ 231

제2장 『제2치리서』(1578) _ 235

    제1항 교회와 그 정치체제 일반, 그리고 국가 정치체제와의 차이점에 관하여 _ 236

    제2항 교회 정치체제의 구성요소와 그 관리를 맡은 직분자들에 관하여 _ 242

    제3항 교회 직분자들이 그 직무에 임명되는 방식에 관하여 _ 245

    제4항 각각의 직분자들, 제일 먼저 목회자에 관하여 _ 248

    제5항 교사와 그 직무, 그리고 학교에 관하여 _ 251

    제6항 장로와 그 직무에 관하여 _ 253

    제7항 장로회, 회의체, 그리고 치리에 관하여 _ 256

    제8항 집사와 그 직무, 교회의 마지막 통상적인 직임에 관하여 _ 264

    제9항 교회의 재산과 그 분배에 관하여 _ 265

    제10항 교회 내에서 그리스도인 행정관의 직무에 관하여 _ 268

    제11항 우리가 개혁하기 원하는 현 교회에 잔존하는 폐습들에 관하여 _ 271

    제12항 우리가 요구하는 개혁의 구체적인 항목들에 관하여 _ 279

    제13항 이러한 개혁이 모든 신분의 사람들에게 끼칠 유익에 관하여 _ 286

제1부 해설

제1장
스코틀랜드 『제1치리서』에 나타난
장로교회 정치체제의 근간

제2장
스코틀랜드 장로교회 『제2치리서』를 통해 본
한국장로교회 정치체제 개혁을 위한 제언

제 1 장

스코틀랜드 『제1치리서』에 나타난 장로교회 정치체제의 근간

---

* 이장의 내용은 「신학논단」 제97집(2019.09), 41-70에 게재되었습니다.

I. 서론

1884년 알렌과 1885년 언더우드의 입국으로부터 시작된 한국장로교회의 역사가 어느덧 130년을 훌쩍 넘었다. 제도와 조직의 측면에서 보아도 1907년에 최초의 노회가 결성되었고 1912년에 총회가 출범했으니 한 세기 이상이 지났다. 한 세기 만에 이루어낸 한국장로교회의 성장은 밖에서 보면 기적과 같은 일이요, 안에서 신앙의 눈으로 보면 하나님의 은혜이다. 더욱이 유독 한국에서는 장로교가 개신교 신자의 70% 이상을 차지할 정도로 장로교세가 성장하였다. 이것은 전적으로 하나님의 은혜와 선배 그리스도인들의 피나는 눈물과 기도와 헌신 덕분이다. 그렇지만 최근 몇 해 동안의 한국교회 신뢰도와 호감도 조사가 말해주듯이 한국교회 전체가 위기를 겪고 있다.[1] 교회의 신뢰도는 낮아지고, 호감도도 줄어들고 있다.

이렇게 된 데에는 여러 가지 이유가 있겠지만 한국교회 내부에서 끊임없이 터져 나오는 분열과 다툼이 중요한 원인 중 하나일 것이다. 이제 개신교회의 내분은 일상이 된 느낌이다. 교단 총회의 재판국은 고소고발과 민원으로 몸살을 앓고 있고, 총회 재판국에서 자신의 뜻이 관철되지 못하면 사회법정으로 끌고 가는 것은 당연한 수순이 되어버렸다. 교단의 헌법에 대한 서로 다른 이해에 근거하여 아전인수식으로 자신에게 유리한 쪽으로만 법을 해석하는 일도 비일비재하다. 교회 내의 원로목사와 담임목사의 갈등, 재정 횡령과 유용, 성적인 추문, 불법적 세습시도 등 온갖 추문이 무성하다. 얼마 못가 교회가 맛 잃은 소금처럼 쓸모없어져 버려지는 것은 아닐지 두렵기까지 하다. 하나님의 은혜와 선배들의 헌신으로 일구어 온 한국교회가 우리 때에 허물어지지나 않을지 애가 탄다.

필자가 스코틀랜드교회의 『제1치리서』에 관심을 갖게 된 것은 최근 교회헌법을 둘러싼 해석의 차이 때문에

---

1 기독교윤리실천운동이 2017년 3월 3일 발표한 『2017년 한국교회의 사회적 신뢰도 여론조사』에 따르면 한국교회에 대한 신뢰도는 20.2%이다. 이것은 2008(18.4%), 2009(19.1%), 2010(17.6%), 2013(19.4%)과 비교할 때 조금 나아졌지만 유의미한 차이를 보이지 않는다. 오히려 적극적으로 신뢰하지 않는다고 답한 비율이 51.2%로 5번의 신뢰도 조사 가운데 가장 높다. 가장 신뢰하는 종교를 묻는 질문에서도 천주교(32.9%), 불교(22.1%), 개신교(18.9%) 순서로 답해 개신교의 현재 위상이 매우 위급하며 위험함을 일게 해준다. 5차례의 한국교회 신뢰도 조사 자료집은 기독교윤리실천운동의 홈페이지 자료실(https://cemk.org/documents/)에서 확인할 수 있다.

한국장로교회가 겪고 있는 분란과 다툼 때문이다. 교회헌법을 자신들의 주장을 합리화하기 위한 수단으로만 이용하려는 사람들이 너무도 많다. 때문에 필자는 한국장로교회의 뿌리이자 장로교회의 첫 출발인 스코틀랜드교회의 최초 교회헌법에는 어떤 내용들이 담겨있을지 살펴볼 필요성을 절감하였다. 물론 16세기와 21세기라는 시대적 차이가 있겠지만, 그럼에도 불구하고 장로교회의 근간을 이루는 원리가 무엇인지를 분명히 알아야만 그 정신을 이 시대에 어울리는 형식으로 이어갈 수 있을 것이기 때문이다. 교회 역사에서 최초의 장로교회인 스코틀랜드교회의 첫 헌법인 『제1치리서』[1560]가 장로교회의 교세가 압도적인 한국에서 아직도 번역되어 있지 않다는 사실은 꽤 의아하다. 필자는 한국장로교회가 장로교회 본래의 정신과 유산을 제대로 계승하여 다시금 소금의 맛을 되찾고 세상의 등대와 나침반의 역할을 할 수 있게 되기를 바라는 마음에서 『제1치리서』의 중심 내용과 의미를 자세히 밝히고자 한다.

II. 『제1치리서』의 배경

역사적 배경

1560년 봄 프로테스탄트를 지지하는 스코틀랜드의 귀족들은 잉글랜드와 동맹을 맺고 로마가톨릭 신앙을 옹호하는 기즈 가문의 섭정 메리 Mary of Guise, 1515-1560와 프랑스의 연합군을 물리쳤다. 그 결과 1560년 7월 6일 '에든버러조약'이 체결되었는데, 잉글랜드와 프랑스 군대가 모두 스코틀랜드에서 철수하기로 합의하였다. 이를 기회로 스코틀랜드 귀족들은 프랑스와 잉글랜드의 영향력으로부터 벗어나 독자적인 신앙의 길을 가기 위해 프로테스탄트 목회자들에게 새로운 신앙고백서와 교회치리서를 작성해 줄 것을 의뢰하였다. 이렇게 하여 등장한 것이 『스코틀랜드신앙고백』과 『제1치리서』이다.

『스코틀랜드신앙고백』과 『제1치리서』는 1560년 존 녹스를 포함한 6명의 존 John 이라는 이름을 가진 목회자들이 작성한 것으로, 주도적인 역할은 녹스의 몫이었다. 여섯 명의 목회자는 당시 세인트자일스 교회의 설교자였던 존 녹스John Knox, 녹스 이전 세인트자일스의 설교자였으며 이후 글래스고의 목회자가 된 존 윌콕John Willock, 로디언의 목회자가 된 존 스포티스우드John Spottiswoode, 법학자이며 퍼스의 목사인 존 로우John Row, 세인트앤드루스의 교구 목사인 존 더글라스John Douglas, 세인트앤드루스의 부수도 원장인 존 윈람John Winram이다. 이들은 25개 조항으로 이루어진 『스코틀랜드신앙고백』을 4일 만에 작성하여 제출했고, 의회는 1560년 8월 17일 공식적으로 이 신앙고백을 채택함으로써 스코틀랜드는 장로교회의 이상을 국가의 신앙으로 받아들인 최초의 나라가 되었다.[2]

여섯 명의 목회자들은 신앙고백서와 함께 교회를 이끌어 갈 지침을 담은 『제1치리서』를 작성하여 제시하였다. 『제1치리서』는 앞으로 스코틀랜드 교회가 어떤 모습

---

[2] 『스코틀랜드 신앙고백』의 25개 조항의 제목은 다음과 같다. 1. 하나님에 관하여. 2. 인간의 창조. 3. 원죄. 4. 약속의 계시. 5. 교회의 지속, 확장, 보존. 6. 예수 그리스도의 성육신. 7. 왜 중보자는 참 하나님이면서 동시에 참 사람이어야만 하는지. 8. 선택. 9. 그리스도의 죽음, 고난, 매장 등. 10. 부활. 11. 승천. 12. 성령 안에서의 믿음. 13. 선행의 동기. 14. 어떤 행위가 하나님 앞에서 선하다고 간주되는지. 15. 율법의 완전함과 인간의 불완전함. 16. 교회. 17. 영혼의 불멸. 18. 참된 교회와 거짓 교회를 구분할 수 있는 표지에 대하여. 19. 성서의 권위. 20. 공의회의 권한, 권위, 소집동기. 21. 성례. 22. 성례의 올바른 시행. 23. 성례는 누구에게 속하는지. 24. 시민 행정관. 25. 교회에 은혜로 주어진 선물. "The Scottish Confession (1560)," in *Reformed Confessions of the 16th and 17th Centuries in English Translation*, vol. 2, compiled by James T. Dennison, Jr. (Grand Rapids: Reformation Heritage Books, 2010), 186-206.

을 띠게 될지, 어떤 방향으로 갈 것인지를 보여주는 나침반과 같았다. 1560년 12월 스코틀랜드교회의 첫 총회와 1561년 1월 스코틀랜드 귀족들의 회의체인 신분위원회에서 승인된 『제1치리서』는 총 9항으로 이루어져 있으며, 교리, 성례, 우상 폐지, 목회자의 선출, 목회자의 사례, 교회 지대와 재산, 교회의 치리, 장로와 집사의 선출, 교회의 정책 등을 폭넓게 다루고 있다.[3] 한 마디로 스코틀랜드 장로교회의 헌법이다.

『제1치리서』는 스코틀랜드 교회와 사회를 교리에서뿐만 아니라 관습에 있어서도 개혁된 공동체로 변화시키기 위한 청사진으로서 고안되었다. 비록 정치적이며 재정적인 난관 때문에 곧바로 채택되어 시행되지는 못했지만, 『제1치리서』의 내용은 이후 스코틀랜드 장로교회의 방향을 제시한 규정들을 담고 있다.

---

3   『제1치리서』(1560)의 조항은 다음과 같다. 1. 교리. 2. 성례. 3. 우상숭배 폐지. 4. 목회자와 그들의 합법적 선출. 5. 목회자 사례와 교회의 재산 분배(대학과 학교를 논함). 6. 교회의 재산. 7. 교회 치리. 8. 장로와 집사의 선출. 9. 교회 정치(결혼, 장례 등의 문제를 논함). John Knox, *Works of John Knox*, vol. II, ed. David Laing (Edinburgh: The Banner of Truth Trust, 2017 rep.), 183-260. 본고에서는 『제1치리서』에 유용한 서론과 주석을 덧붙여 출판한 James K. Cameron, *The First Book of Discipline* (Edinburgh: The Saint Andrew Press, 1972)을 사용할 것이다.

문헌적 배경

『제1치리서』의 초안이 거의 한 달이라는 빠른 시간 안에 작성된 것을 감안한다면, 또한 스코틀랜드가 개혁교회를 받아들이기 이전 개혁교회의 여러 치리서와 예식서와 교회헌법이 있었다는 사실을 고려한다면, 스코틀랜드교회의 『제1치리서』에 영향을 끼친 자료는 무엇일까 하는 질문이 자연스레 제기된다. 오래 전 맥그레거 Janet G. MacGregor 는 스코틀랜드 장로교회 정치체제 기원의 문제를 심도 있게 다룬 바 있다.[4] 비교적 최근에는 개혁교회 신학자인 스탠포드 리드 W. Stanford Reid 가 『스코틀랜드신앙고백』과 『제1치리서』에 미친 프랑스 개혁교회의 영향을 주장하는 논문을 발표하기도 했다.[5] 그렇다면 『제1치리서』의 기원이 된 문헌들에는 어떤 것이 있을까?

무엇보다 먼저 제네바 『교회법령』 Ordonnances Ecclesiastique 의 영향을 생각할 수 있다.[6] 『제1치리서』의 주된 저자인

---

[4] Janet G. MacGregor, *The Scottish Presbyterian Polity: A Study of its Origins in the Sixteenth Century* (Edinburgh: Oliver and Boyd, 1926)를 참조하라.

[5] W. Stanford Reid, "French Influence on the *First Scots Confession and Book of Discipline*," *Westminster Theological Journal* 35 (1972/1973), 1-14.

스코틀랜드의 개혁자 녹스가 1556년부터 1559년 초까지 제네바에서 영어권 피난민 목회를 하면서 칼뱅과 함께 동역한 것을 생각할 때, 뿐만 아니라 제네바교회가 개혁교회 전통에서 차지하고 있는 중심적 위치를 고려할 때, 제네바교회가 스코틀랜드교회에 영향을 미쳤음은 당연한 일일 것이다. 녹스는 사실 제네바에 가기 이전 프랑크푸르트에서 영어권 피난민 목회를 할 때에도 제네바예식서의 사용을 주장한 바가 있었다. 거기에다가 칼뱅과 함께 한 3년의 제네바 경험은 녹스에게 깊은 인상을 남겼다. 그가 제네바교회를 일컬어서 "사도 시대 이후 지상에 존재했던 가장 완벽한 그리스도의 학교"[7]라고 불렀음은 잘 알려진 사실이다. 그렇게 때문에 『제1치리서』는 제네바예식서에 포함되어 있는 공동기도문을 함께 읽도록 규정하고 있다. 이처럼 제네바의 영향은 분명하지만 그럼에도 불구하고 제네바만이 『제1치리서』에 유일한 영향력을 끼

---

[6] 제네바의 『교회법령』은 칼뱅이 스트라스부르에서 제네바로 귀환한 직후인 1541년 반포되었으며 이후 여러 차례 증보되다가 1561년 새로운 『교회법령』이 공포되었다. 1541년 『교회법령』은 황정욱·박경수 옮김, 『칼뱅: 신학논문들』(서울: 두란노아카데미, 2011), 72-87에 수록되어 있으며, 1561년 제네바의 『교회법령』은 박건택 편역, 『칼뱅작품선집』 VII (서울: 총신대학출판부, 2011), 635-680에 포함되어 있다.

[7] John Knox, *Works of John Knox*, vol. IV, 240.

쳤다고 말할 수는 없을 것이다. 그렇다면 제네바 이외에 또 어떤 도시나 문서들이 스코틀랜드『제1치리서』의 배경이 되었을까?

맥그레거는 다양한 문헌이『제1치리서』의 전거로 작용하였는데, 제네바 외에도 바젤과 취리히의 영향,[8] 에드워드 6세 치하의 잉글랜드 교회,[9] 요하네스 아 라스코 Johannes à Lasco 가 목회한 에드워드 6세 시기 런던의 외국인 피난민 교회,[10] 발레랑 풀랭 Valérand Poullain 이 목회한 프랑크푸르트 피난민 교회의 예식서,[11] 프랑스개혁교회의 신앙고백과 치리서,[12] 프랑수아 랑베르 François Lambert 의 헤센 지

---

[8] 스코틀랜드『제1치리서』에 낭독자(Reader) 직분이 나타나는데, 바젤과 취리히의 교회예식서에 낭독자 직무가 규정되어 있다. 또한 예언모임도 취리히의 프로페짜이, 제네바의 콩그레가시옹, 바젤의 성서연구모임 등 스위스 개혁교회의 영향을 짙게 반영하고 있다.

[9] 일부 학자들은 토머스 크랜머가 주도적으로 작성한 42신조와 1552년 공동기도서를『스코틀랜드신앙고백』과『제1치리서』의 원형으로 제시하기도 한다. 그러나 스탠포드 리드는 녹스가 잉글랜드, 프랑크푸르트, 제네바에서 사역하는 동안 줄곧 잉글랜드 교회의 문서에 반대하는 입장을 취했다는 점을 지적하면서 잉글랜드의 영향이 크지 않다고 본다. W. Stanford Reid, "French Influence," 3.

[10] 맥그레거는 아 라스코의『교회헌법』(Forma ac Ratio, 1550)이『제1치리서』에 광범위한 영향을 미쳤다고 주장한다. 녹스도 자신의 저서『스코틀랜드 종교개혁사』 (History of the Reformation in Scotland)에서 아 라스코를 탁월한 종교개혁자 중 한 사람으로 언급하였다. John Knox, Works of John Knox, vol. I, 243. 그러나 녹스와 아 라스코가 직접 만났다는 증거는 없다.

[11] 맥그레거는 녹스보다 앞서 프랑크푸르트의 피난민 교회를 목회했던 풀랭의『예식서』(Liturgia Sacra, 1555)가 스코틀랜드『제1치리서』에 영향을 미친 중요한 문헌들 중 하나라고 주장한다.

역 『교회헌법』1526[13] 등을 꼽았다. 맥그레거에 따르면, 녹스는 1554-59년 사이에 매년 프랑스의 디에프Dieppe를 방문했고, 그곳에서 프랑스 개혁교회 성도들과 친숙해졌다. 녹스는 1557년『파리의 감옥에 갇혀 있는 프로테스탄트 신자들을 위한 변호』*Apology for the Protestants who are holden in Prison in Paris*를 출판하기도 하였고, 1559년 봄 스코틀랜드로 돌아가기 위해 기다릴 때 디에프에 있는 프랑스 위그노 공동체의 설교를 맡기도 하였다. 따라서 녹스가 스코틀랜드로 돌아가면서 1559년『프랑스신앙고백』과『치리서』를 가지고 갔을 가능성을 추론할 수 있다.[14] 맥그레거는 스코틀랜드『제1치리서』의 초안자 "여섯 명의 존 모두의 경험에서 프랑스 프로테스탄트에 대한 관심이 매우 빈번하게 나타난다는 사실이 중요하다."고 지적한다.[15]

맥그레거의 관점에서 볼 때 프랑스교회의 영향력은

---

12 프랑스개혁교회의『치리서』(*Quant à la Discipline*)는 국가적 차원을 염두에 두고 작성된 교회치리서라는 점에서 스코틀랜드의『제1치리서』와 동일한 성격을 지니며, 직분자의 의무 규정, 치리, 컨시스토리 구성과 운영 등 여러 측면에서 유사성을 가진다.

13 맥그레거는 랑베르의『교회헌법』또한 순회설교자 제도, 예언모임 등과 관련하여『제1치리서』에 영향을 주었다고 주장한다. Janet G. MacGregor, *The Scottish Presbyterian Polity*, 38, 42-43, 47, 54.

14 Janet G. MacGregor, *The Scottish Presbyterian Polity*, 33-34.

15 Janet G. MacGregor, *The Scottish Presbyterian Polity*, 36.

스코틀랜드교회에 미친 여러 영향들 중 하나에 불과하다. 하지만 리드는 프랑스교회의 영향력이 다른 것들보다 압도적이라고 말한다. 리드 또한 스코틀랜드『제1치리서』에 영향을 미친 전거들로서 제네바의『교회법령』, 아라스코의 런던 피난민 공동체의『교회헌법』, 풀랭의 프랑크푸르트 피난민 교회의『예식서』, 시찰감독 제도를 가진 덴마크 루터교회의 정치체제 등 다양한 것들을 고려한다. 그럼에도 불구하고 프랑스 개혁교회가 1559년 제시한『치리서』가 1560년 스코틀랜드의『제1치리서』에 특별한 영향을 미쳤을 개연성을 여러 가지 역사적 정황 증거를 제시하며 주장한다.[16] 리드는 먼저 프랑스와 스코틀랜드가 역사적으로, 경제적으로, 군사적으로, 문화적으로 매우 긴밀하게 연결되어 있었음을 지적한다. 또한 녹스가 1547년 세인트앤드루스 성에서 프랑스 군대에 체포되어 '노트르담'이라는 갤리선에 갇혔을 때 루앙과 몽셀미셸의 수감자들과 서신교류를 했으며, 배가 루앙과 낭트에 정박했을 때에는 하선하여 프랑스 프로테스탄트 신자들과 교류했을 가능성을 제시한다. 그 후 녹스가 프랑크

---

[16] W. Stanford Reid, "French Influence," 4.

푸르트의 영어권 피난민 교회의 목회자가 되었을 때 프랑스 목회자인 풀랭의 『예식서』를 따랐으며, 디에프에 여러 해에 걸쳐 다섯 차례나 체류하면서 프랑스 프로테스탄트인 위그노들과 교류하고 그들에게 설교하기도 했음을 언급한다.[17] 리드는 녹스가 분명 1559년 2월 디에프에 머물 때 프랑스교회의 『치리서』를 입수했을 것이며, 그것을 가지고 4월 배를 타고 스코틀랜드로 향했으리라 추정한다. 하지만 리드 스스로가 인정하듯이 스코틀랜드교회 문서에 프랑스교회의 자료들이 사용되었다는 절대적 증거는 없으며 정황상의 사실뿐이라는 점도 분명하다.[18]

III. 『제1치리서』의 중심 주제들

『제1치리서』는 1항에서 하나님의 말씀으로서의 교리

---

[17] W. Stanford Reid, "French Influence," 5-6.
[18] W. Stanford Reid, "French Influence," 9.

에 대하여, 2항에서 세례와 성만찬의 성례에 대하여, 3항에서 우상숭배 폐지에 관하여 다룬다. 말씀과 성례는 개혁교회와 장로교회가 공히 인정하는 교회의 표지에 해당하므로 모든 교회헌법과 정치체제의 토대가 되는 것이기에 가장 앞에서 다룬 것으로 보인다. 그리고 우상숭배에 대한 거부와 비판은 말씀과 성례가 올바르게 서기 위한 전제 조건과도 같은 것이기 때문에 연속적으로 다루는 것이 적절하다고 할 것이다.

그런 다음 『제1치리서』는 교회에서 가장 중요하고 긴요한 책임을 맡고 있는 목사의 임무, 목사의 선출, 목사의 사례를 다루며, 목사와 함께 교회의 영속적 직제인 장로와 집사, 한시적인 직제이지만 『제1치리서』의 특징인 시찰감독, 목회자와 회중의 성서연구를 위한 예언모임, 치리, 교회 재산의 사용, 교육 등 장로교회 정치체제의 근간이 되는 주제들을 다루고 있다. 이제 스코틀랜드 『제1치리서』에 나타난 장로교회의 원리를 담고 있는 중심 주제들에 대해 자세하게 들여다보자.

목사, 장로, 집사

스코틀랜드장로교회 『제1치리서』의 직제는 목사, 장로, 집사로 구성된다. 『제1치리서』는 4항에서 목사와 그들에 대한 합법적인 선출 방식을 다룬다. 무엇보다 먼저 목사는 "교리와 지식뿐만 아니라 삶까지도 잘 검증하여 예수 그리스도의 양떼를 잘 먹일 수 있으리라 판단되는 사람"[19]이어야 한다. 따라서 "공공연한 악행으로 알려진 자, 건전한 교리로 교회를 훈육할 수 없는 자, 그리고 불순한 견해를 지녔다고 알려진 자"[20]는 누구라도 교회의 목회자와 지도자로 받아들여질 수 없었다. 이처럼 철저한 검증을 통해 승인을 받아야만 목사로서의 역할을 할 수 있었다. 종교개혁이 막 시작된 당시의 스코틀랜드에는 프로테스탄트 목회자가 절대적으로 부족했기 때문에 일부 사람들은 목사의 기준과 검증을 너무 엄격하게 적용해서는 안 된다고 주장했지만, 『제1치리서』의 저자들은 "목회자가 전혀 없는 것과 참된 목회자의 자리에 허상을

---

[19] James K. Cameron, *The First Book of Discipline* (Edinburgh: The Saint Andrew Press, 1972), 96. 이후 "FBD, 96"과 같은 방식으로 표기한다.
[20] *FBD*, 100.

두고 있는 것이 매한가지라는 것을 그들은 알아야 한다. 아니 어떤 경우에는 후자가 더 나쁘다."[21]고 말하면서 함량 미달의 목사를 배출하기보다는 차라리 낭독자나 순회목회자를 세우는 것과 같은 다른 방식으로 목사의 빈자리를 메꾸는 것이 낫다고 주장하였다. 그만큼 교회개혁에 있어서 목사의 위치가 중요하기에 철저한 검증을 통해 자격을 갖춘 목사를 배출하고자 했던 것이다. "참된 목회자들이 희귀한 이때 여러분과 우리에게 남은 가장 중요한 방책은 이 추수의 때에 신실한 일꾼들을 보내달라고 하나님의 자비를 구하는 간절한 기도이다."[22] 16세기 스코틀랜드장로교회의 『제1치리서』 저자들의 간절한 기도가 460여 년의 지난 지금 한국장로교회의 기도 제목과 다르지 않아 보인다.

『제1치리서』는 목사와 회중의 책임도 분명하게 확인하고 있다. "목회자는 충실하게 소임을 다하겠다고 약속한 양 무리를 제멋대로 떠나서는 안 되며, 양 무리 또한 목회자가 파면을 당할 만한 범죄를 저질렀다는 것을 입증

---

[21] *FBD*, 104.
[22] *FBD*, 104.

할 수 없는 한 그 목회자를 거부하거나 자신들 입맛대로 바꾸려 해서는 안 된다."²³ 목사와 회중은 하나님 앞에서 서로에 대해 신실할 것임을 언약한 것이므로 명백하게 합당한 이유 없이 그 언약을 깰 수 없다는 것이다. 좀 더 큰 교회, 보다 많은 사례를 약속하는 교회가 있다면 쉽게 자리는 옮기는 목회자가 흔한 이 시대에 경종이 될 만한 금언이 아닌가! 물론 회중도 자기들의 입맛에 맞지 않다고 해서 함부로 목회자를 내쫓는다면 그 교회는 하나님의 은혜를 누리지 못하게 될 것이다.

『제1치리서』는 목회자의 절대적 부족을 메꾸기 위해 아직 목회자가 될 자격을 갖추지는 못했지만 교회를 돌볼 만한 사람을 택해 낭독자 reader 로 임명할 것을 제안한다. 낭독자는 목회자가 없는 교회에서 성서를 읽거나 제네바 예식서에 포함되어 있는 공동기도문을 읽는 역할을 담당하게 된다. 하지만 낭독자는 목사 임직을 받기 전까지 성례를 거행할 수는 없다. 또한 순회설교와 전반적인 행정과 업무를 담당할 시찰감독 superintendent 을 두어 목회자의 공백을 채우고자 하였다. 하지만 시찰감독은 한시적인

---

23 *FBD*, 10.

제도였으며, 따라서 1578년에 나온 『제2치리서』에는 시찰감독에 대한 언급이 나오지 않는다. 『제1치리서』는 목회자의 사례의 정도와 방법에 대해서도 자세하게 언급하고 있다.

장로와 집사는 『제1치리서』의 8항에서 다루어지는데 이들은 "하나님의 말씀에 관한 지식이 탁월하고, 매우 정결한 삶을 살고, 신실하고, 그 언사가 정직한 사람들"[24]이어야 한다. 『제1치리서』는 장로와 집사의 임기를 1년으로 정하고 있다. 이것은 인간의 죄성으로 인해 그 직분을 이용하지 않을까 하는 우려 때문이었다. 이들은 연임이 가능했지만, 회계를 담당하는 집사의 경우에는 3년의 공백기를 가진 후에야 같은 직분을 맡을 수 있도록 하였다. 장로와 집사는 모두 "건전하고, 겸손하고, 화합과 평화를 사랑하고 … 결국 다른 사람들에게 경건의 모범이 되어야 한다."[25]

장로는 목회자를 도와 교회의 공적인 일, "즉 사안들에 대해 판단하고 분별하는 일, 방종한 자들을 훈계하

---

[24] *FBD*, 174.
[25] *FBD*, 179.

는 일, 그들의 책임 아래 있는 모든 사람들의 언행과 품행에 관한 일"26을 관할하게 된다. 장로는 이 같은 치리의 책임 외에도 목회자를 견제하여 교회의 건덕을 세워야 할 의무도 지게 된다. 집사는 "교회의 지대 地代를 거두어들이고 교회의 구제금을 모아서, 교회의 목사회가 정한 바에 따라 그것들을 관리하고 분배하는"27 책임을 맡는다.

시찰감독

시찰감독 직제는 스코틀랜드교회의 독특한 특징 중 하나이다. 이 직제는 스코틀랜드가 로마가톨릭에서 프로테스탄트로 돌아서면서 한시적으로 받아들인 제도였다. 목회자 부족으로 인한 임시적 대안으로서 시찰감독을 세웠던 것이다. 『제1치리서』는 "우리가 그 무엇보다 간절하게 바라는 것은 예수 그리스도가 적어도 한번은 이 나라 방방곡곡에 널리 전해지는 것"28이라고 말한다. 하지만 프로테스탄트 개혁정신을 가진 목회자는 턱없이 부족했

---

26 *FBD*, 1/5-176.
27 *FBD*, 178.
28 *FBD*, 116.

기에 특별한 조치가 필요했다. 그런 이유로 개별교회에만 매여 있지 않고 보다 넓은 지역을 순회하는 설교자인 시찰감독이 요청되었다. "하나님께서 우리 가운데 [특별한] 은혜를 부여해 주신 목회자들이 각각 구체적인 장소에 임명을 받아 계속 그곳에만 머물러 있어야 한다면, 이 나라의 많은 지역들에서는 어떠한 교리의 가르침도 받지 못하게 될 것이다. 이것은 단지 커다란 불평의 이유가 될 뿐만 아니라 많은 사람들의 구원을 위태롭게 하는 일이다."[29] 따라서 시찰감독 직제는 시급한 복음화를 위해 스코틀랜드교회가 선택한 임시방편이었다.

맥그레거는 아 라스코의 런던 피난민 공동체에 목회자의 성실성과 근면함을 살피기 위한 시찰감독이 있었음을 고려할 때, 녹스가 아 라스코의 공동체에서 이 직제를 빌려왔을 것이라고 추정한다.[30] 물론 리드가 지적한 것처럼 덴마크 루터교회의 시찰감독 제도에서 배웠을 가능성도 배제할 수 없다.[31] 또 어쩌면 『제1치리서』의 중요 저자인 녹스와 윌록이 잉글랜드에서 목회할 때 순회설교자로

---

29 *FBD*, 115.
30 Janet G. MacGregor, *The Scottish Presbyterian Polity*, 43.
31 W. Stanford Reid, "French Influence," 4.

활동했던 개인적 경험이 반영된 것일 수도 있다. 아무튼 녹스가 당시 개혁교회 전통에서 의외로 받아들여질 만한 시찰감독 제도를 채택한 것은 시급한 복음화와 목회자의 부족이라는 상황적 필요성 때문이었다.

『제1치리서』의 시찰감독 직제가 의외로 받아들여진 이유는 이것이 로마가톨릭의 감독 혹은 대부제archdeacon와 매우 비슷한 행정적 기능을 했기에 로마교회의 잔재로 오해를 샀기 때문이다. 그러나 로마교회의 감독과는 분명 역할과 위치가 달랐다. 시찰감독의 가장 중요한 역할은 설교와 교구시찰이었다. 『제1치리서』는 "시찰감독들을 여러분의 게으른 주교들이 이전에 해왔던 대로 살도록 내버려두어서는 안 되고, 자신들이 머물러 있고 싶어 하는 곳에 그대로 두어서도 안 된다. 그들 스스로가 설교자가 되어야 하고, 한곳에 오래 머물러서는 안 된다."[32]고 말한다. 시찰감독은 자신이 거주하는 도시에 최대 서너 달 머문 다음에는 계속해서 지역을 순회해야 하며, 한곳에서 한 달 이상을 머물 수 없고, 매주 적어도 세 번 이상 설교를 해야만 한다. 시찰감독의 가장 중요한 기능은 하나님

---

[32] *FBD*, 122.

의 말씀을 많은 사람들이 들을 수 있도록 설교하는 것이었다. 그리고 자신이 맡은 지역의 교회들이 평안한지 심방하고, 교육과 구제는 적절히 이루어지는지, 목회자가 성실하게 목양을 하고 있는지 등을 점검하는 역할도 했다.[33]

시찰감독의 위치 또한 위계적인 로마교회의 감독과는 달랐다. 시찰감독도 다른 목사와 마찬가지로 교회의 치리에 복종해야 한다. 시찰감독이라고 해서 개별교회의 목사와 장로 위에 있는 것이 아니라 자신이 맡은 관구의 목사와 장로의 치리 하에 있기 때문에, 이 직제가 개혁교회와 장로교회의 중요한 원리인 목회자의 동등성과 배치되는 것은 아니다. 엄밀히 말해 시찰감독도 목회자 중 한 사람일 뿐이다. 뿐만 아니라 사례에 있어서도 계속 순회를 해야 하기 때문에 개별교회의 목회자 보다는 많지만 크게 차이가 나지 않는다.[34]

---

[33] *FBD*, 122-123.
[34] "우리가 시찰감독이라 부르는 여기저기 순회하는 목회자들은 한 장소에서 한 달 남짓 머물면서 교회를 든든히 세우고 또 같은 목적으로 다른 장소로 옮겨가는데, 이들을 위한 더 깊은 배려가 있어야 한다. 우리는 이런 사람들에게는 6찰더(chalder)의 맥아[보리], 9찰더의 곡식, 말을 위해 3찰더의 귀리, 돈 500마르크를 더해 주어야 한다고 생각하는데, 앞서 말했던 방식으로 그 지역의 군주와 의회가 매년 그에게 얼마를 지급해야 할지 판단해서 증감시킬 수 있을 것이다." *FBD*, 109-110.

녹스와 개혁자들은 『제1치리서』에서 스코틀랜드를 10개의 관구로 나누고 각 관구를 맡을 시찰감독을 선출하려 했지만, 실제로는 인물난으로 인해 5명만이 임명되었다. 그렇다고 해서 자격이 없는 사람에게 중요한 직무를 맡길 수도 없었기 때문에 많은 지역에서 사실상 시찰감독이 없었다. "지금 당장 필요한 사람들을 전부 찾는 것이 어렵다고 판단된다면 훈화하고 교회를 다스릴 자격이 없는 사람을 갑작스럽게 앉히기보다는 하나님이 더 나은 사람들을 보내주실 때까지 비워두는 것이 유익하다. 그 직무를 수행할 능력이 없는 사람들이 얼마나 교회 안에 폐해를 일으켜 왔는지 우리는 경험으로 알고 있다."[35] 이후 스코틀랜드교회는 시찰감독을 임명하지 않았고, 앤드류 멜빌이 『제2치리서』를 제출했을 때에는 시찰감독 직제가 없어졌기 때문에, 이 직제는 1560년부터 1578년 사이에 목회자가 절대적으로 부족한 상황에서 취한 한시적인 실험으로 끝났다.

---

[35] *FBD*, 124-125.

예언모임

개혁교회와 장로교회 전통에서 예언모임은 특별한 위치를 가지고 있다. 예언모임이란 하나님의 말씀을 심도 있게 연구하고 나누는 성서연구모임이다. 개혁교회의 요람 역할을 한 취리히에서 개혁자 츠빙글리는 1525년 6월 19일 취리히 목회자들의 연대와 교육을 위한 성서연구모임을 시작하였다. 취리히의 개혁자들은 1525년 6월부터 일주일에 다섯 번이나 모여 그날 주어진 본문을 히브리어, 그리스어, 라틴어, 독일어로 읽고 그 의미를 밝히고 나누는 성서연구모임을 지속하였다. 그 후 개혁교회가 전파되는 곳마다 말씀을 연구하는 예언모임이 이루어졌고, 예언모임은 개혁교회의 독특한 특징이 되었다. 취리히 prophezei, 스트라스부르 christliche übung, 로잔 classis, 제네바 congrégation, 잉글랜드 prophesying, 스코틀랜드 exercise 지역마다 예언모임을 지칭하는 이름은 달랐지만 성서연구를 위한 모임이라는 성격은 동일하였다.

녹스는 1556-1559년 제네바에 있을 때 제네바 성서연구모임인 콩그레가시옹에 참여하였다. 제네바의 콩그레가시옹은 매주 금요일 오전에 모였고, 처음부터 목회자에게는 참여가 의무적이었으며 나중에는 평신도의 참여도 허락되었다.[36] 녹스의 제네바에서의 경험은 스코틀랜드의 예언모임에 상당 부분 영향을 미쳤을 것이 분명하다.[37] 그러나 녹스는 예언모임이 개혁교회를 특징짓는 전통이기에 앞서 신약성서에 근거를 둔 제도이기에 실행해야 한다고 확신하였다.

『제1치리서』는 예언모임의 목적과 필요성을 다음과 같이 밝힌다. "하나님의 교회가 사람들의 지식, 견해, 장점, 그리고 언변을 시험할 목적으로, 그리고 하나님의 말씀을 얼마간 깨우친 사람들이 때때로 더욱 완전하게 자라 교회가 필요로 하는 일들을 감당할 수 있도록 할 목적으로, 학교와 학식 있는 자들의 모임장소가 있는 모든 도시에서는 일주일 중에 하루를 정해 매주 바울 사도가 예언이라고 부른 성서연구모임을 하는 것이 꼭 필요하다."[38] 예언모임은 무엇보다 목회자들이 이를 통해 참된 성서적

---

36 제네바의 성서연구모임인 congrégation에 대해서는 박경수, "16세기 제네바 교회의 목회자 선발과 훈련에 관한 연구,"『한국교회를 위한 칼뱅의 유산』(서울: 대한기독교서회, 2014), 117-145를 참조하라.
37 그러나 맥그레거는 녹스의 예언모임은 칼뱅의 제네바교회보다 아 라스코의 런던교회의 예언모임과 더 밀접한 연관성을 갖는다고 주장하지만 문헌적 뒷받침은 부족하다. Janet G. MacGregor, *The Scottish Presbyterian Polity*, 53.
38 *FBD*, 187-188.

지식에 이르도록 훈련시키고자 하는 의도를 가지고 있었다. 목회자뿐만 아니라 낭독자와 목회자 후보생들도 이 모임에 참석할 것을 강력히 권고한 것은 예언모임이 목회자를 충원하는 효과적인 방법으로 활용되었으며 교육적 기능을 염두에 두었음을 보여주는 것이다.

예언모임은 바울이 고린도전서 14장 29-32절에서 가르친 것을 규칙으로 삼았다.[39] 『제1치리서』는 예언모임으로 모였을 때 그날 주어진 성서의 본문을 다함께 읽은 후에 한 사람이 자신의 견해와 해석을 제시한다. 그러면 두 번째 사람이 거기에 덧붙일 내용을 설명하거나 다른 관점을 제시할 수 있다. 이어서 세 번째 사람이 앞의 해석을 확인하거나, 교정하거나 보완할 수 있다. 『제1치리서』는 바울의 권고를 따라 세 사람 이상의 발언을 금하였는데 토론이 혼란에 빠지는 것을 예방하기 위함이었다.[40] 또한 참석자들이 논쟁을 위한 질문, 답이 없는 현학적이고 사색적인 질문을 제기하는 것을 금지하였고, 이를 어

---

[39] "예언하는 자는 둘이나 셋이나 말하고 다른 이들은 분별할 것이요. 만일 곁에 앉아 있는 다른 이에게 계시가 있으면 먼저 하던 자는 잠잠할지니라. 너희는 다 모든 사람으로 배우게 하고 모든 사람으로 권면을 받게 하기 위하여 하나씩 하나씩 예언할 수 있느니라. 예언하는 자들의 영은 예언하는 자들에게 제재를 받나니."
[40] *FBD*, 188.

기는 자들은 견책하는 보완책을 마련함으로써 예언모임이 교회의 덕을 세우는 데 이바지하도록 조처하였다.[41]

스코틀랜드교회의 예언모임은 처음부터 모두에게 열려 있었다. 목회자, 교회의 일군, 낭독자, 목회자 후보생, 회중들이 함께 하나님 말씀의 진리를 알아가는 일에 진보를 보이도록 하였고, 목회자와 목회자 후보생의 훈련과 재교육에 일조하였고, 이후에는 행정의 기능까지 담당하였다. 뿐만 아니라 같은 지역에 있는 교회들의 협력과 교제를 진작시킴으로써 장로교의 노회가 수립될 수 있는 발판이 되었다. 그렇기 때문에 『제1치리서』는 "예언모임은 오늘날 스코틀랜드의 하나님의 교회에서 가장 필요한 것"[42]이라고 밝히고 있다. 사실 하나님의 말씀을 치열하게 연구하고, 목회자들의 재교육과 교회들의 친밀한 연합을 가능하게 하는 매주 성서연구모임의 정례화와 제도화는 오늘날 한국교회에도 가장 필요한 것임이 분명하다.

---

41 *FBD*, 189: "이처럼 유익한 예언모임이 논쟁과 다툼을 일으키지 않도록, 호기심에 찬 야릇하고 무익한 질문들은 피해야 한다. 우리 신앙의 원칙과 어긋나는 해석, 사랑에 상반되는 해석, 성서의 명백한 구절과 분명히 배치되는 해석은 모두 거부해야 한다. … 누구라도 호기심에 빠진 견해를 내놓거나 이상한 교리를 제시하는 경우에는 그 해석이 끝나는 즉시, 조정자 역할을 하는 목회자와 장로들에게 훈계를 받아야 한다."

42 *FBD*, 188.

치리

치리治理란 교회의 법에 따라 도덕과 규율을 바로 세우고 복음의 도리에서 어긋난 행위를 한 사람들을 책벌하여 바로 잡고 회복시키려는 행위이다. 일반적으로 개혁교회 전통은 치리를 매우 중시하여 교회의 표지 가운데 하나로 보는 경우가 많다. 비록 칼뱅은 치리를 몸을 움직일 수 있도록 해주는 "근육"[43]에 비유할 정도로 교회에서 치리가 중요하다고 간주했음에도 불구하고, 교회의 표지로는 말씀과 성례 두 가지만을 꼽고 치리는 제외시키기는 했지만 말이다. 『제1치리서』의 치리에 관한 조항도 제네바의 개혁자 칼뱅의 영향을 많이 받았다.

제네바교회의 치리를 담당하기 위해 칼뱅이 만든 기구가 컨시스토리consistory였다. 제네바 컨시스토리는 칼뱅이 스트라스부르에서 제네바로 귀환한 1541년에 설립되었다. 제네바 컨시스토리는 제네바 행정장관 중 한 사람이 의장을 맡았고, 12명의 평신도장로와 12명의 목회자로

---

[43] John Calvin, *Institutes of the Christian Religion* (1559), ed. John T. McNeill, trans. Ford L. Battles (Philadelphia: The Westminster Press, 1960), IV권, 3장, 6절.

구성되었다. 이때 평신도란 사실상 제네바 의회의 대표자들이며, 오늘날 한 개교회의 평신도 대표인 장로와는 다른 것임을 염두에 두어야 한다. 컨시스토리는 매주 목요일 정기적으로 모여 제네바 시민들이 복음에 합당하게 살아가도록 교육하고 상담하고 징계하는 기구였다. 제네바 컨시스토리 문서는 원본이 제네바 국립문서보관소에 잘 보존되어 있고, 로버트 킹던을 중심으로 한 몇몇 학자들이 만든 새로운 편집본이 현재 제네바의 한 출판사 Librairie Droz를 통해 발행되고 있다. 현재 프랑스어로 12권이 출판되었고 1996-2018, 영어로도 1권이 번역 출판되었다 2000.[44]

『제1치리서』는 치리의 목적을 이렇게 규정한다. "좋은 법과 그 법을 정확하게 집행함 없이는 국가가 번성하

---

[44] 최근 인터넷에 칼뱅이 사람들을 함부로 죽였고 공포정치를 펼쳤다는 이상한 주장들이 난무하고 있는데, 이것들은 대부분 거짓 자료에 근거한 유언비어들이다. 이런 잘못된 편견들을 만드는 데 일조한 것이 슈테판 츠바이크의 역사소설 『다른 의견을 가질 권리』(서울: 바오출판사, 2009)에 나온 칼뱅과 카스텔리옹에 대한 왜곡된 묘사이다. 하지만 칼뱅 당시 어떻게 치리가 이루어졌는지를 밝혀주는 컨시스토리 회의록이 출간됨으로써 이런 주장들이 얼마나 터무니없는 것인지를 분명히 알 수 있게 되었다. 세르베투스 사건과 카스텔리옹의 사상에 대해 알기 원한다면 다음의 글들을 참고하라. 박경수, "미카엘 세르베투스 사건에 대한 재평가: 칼뱅은 프로테스탄트 불관용의 대표자였는가?" 『교회의 신학자 칼뱅』(서울: 대한기독교서회, 2009), 191-212; 박경수, "세바스티앙 카스텔리옹의 생애와 저작들: 16세기 관용논쟁을 중심으로," 『한국교회를 위한 칼뱅의 유산』, 300-333.

거나 오래 유지될 수 없다. 그와 마찬가지로, 이 세상의 칼이 간과하거나 벌하지 못하는 잘못들을 책망하고 교정하는 교회 치리의 법령 없이는 하나님의 교회가 순수함에 이를 수도 없고 그것을 지킬 수도 없다."[45] 결국 치리가 없으면 교회의 순수성을 지킬 수 없을 뿐만 아니라 교회 자체가 유지될 수도 없다는 것이다. 치리가 이만큼 중요하기 때문에 모두에게 공평해야 하며, 신중하게 진행되어야 하고, 엄격하게 지켜져야 한다. 『제1치리서』는 이 점도 분명하게 명시하고 있다. "이 나라 안에 있는 어떤 신분의 사람이든지, 그가 지배자이든 피지배자이든, 설교자이든 교회 안에 가장 낮은 자이든 모두 죄를 범했을 경우 치리에 순복해야 한다. … 파문의 처분과 그 절차가 신중하게 진행되어야 하느니만큼, 일단 선고가 내려지고 나면 그 사람의 지위와 신분이 어떠하든지 간에 엄격하게 지켜져야 한다."[46]

『제1치리서』는 치리의 절차에 대해서도 비교적 상세하게 기술한다.[47] 첫째로, 위법행위가 은밀하게 이루어졌

---

[45] *FBD*, 165.
[46] *FBD*, 173, 167.
[47] *FBD*, 167-170.

고 의혹의 단계라면, 개인적으로 찾아가 권고한다. 만일 그 사람이 권고를 받아들이지 않는다면 목회자가 직접 훈계해야 하며 그래도 돌이키지 않는다면 공적으로 치리해야 한다. 둘째로, 위법행위가 공개적이고 악의적이라면, 목사·장로·집사로 구성된 컨시스토리에 소환해야 한다. 그가 회개한다면 목회자는 그가 교회의 회중 앞에서 회개할 수 있는 기회를 제공해야 하며 교회는 그를 참회자로 받아들여야 한다. 그러나 그가 끝까지 고집을 부리고 회개하지 않는다면 당사자와 범죄행위를 공개하고 그를 파문한다. 파문의 선고가 내려지게 되면 어느 누구도 그와 대화를 하거나, 먹고 마시거나, 사고팔거나, 인사하지 못한다. 이 치리는 범죄한 사람에게 돌이킬 기회를 주기 위해서, 교회 공동체를 지키기 위해서, 그리고 하나님의 영광을 보호하기 위해서 반드시 필요한 조치이다.

제네바 컨시스토리가 목사와 장로로 구성된 반면, 스코틀랜드 컨시스토리는 목사, 장로, 집사로 구성되었다. 16세기 당시 이처럼 교회의 세 직제에서 모두 참여하는 컨시트토리는 프랑스교회, 아 라스코 공동체, 스코틀랜드교회 뿐이었다. 그러나 아 라스코의 교회에서는 집사는 초청을 받은 경우에만 참석했기 때문에, 스코틀랜드교회와 가장 비슷한 경우는 프랑스교회이다. 이 점에서도 스코틀랜드교회와 프랑스교회의 유사성이 드러난다.[48]

교회재산

『제1치리서』는 "교회가 오로지 책임져야 할 일은 앞에서 언급된 사람들, 즉 말씀을 맡은 목회자들, 가난한 자들, 그리고 젊은이들을 가르치는 교사들을 부양하고 뒷받침하는 일"[49]이라고 주장한다. 교회가 이 일을 감당하기 위해서는 재정이 필요한데, 합당하게 거두어들인 십일조가 그 재원이 되어야 한다. 녹스와 개혁자들은 십일조를 거두는 권한은 교회에 속하며, 귀족들이 사적으로 이 권한을 보유하는 것은 잘못된 일이라고 비판한다. 그러면서 당시 스코틀랜드의 평범한 농민들과 노동자들이 부당한 십일조 징수로 인해 얼마나 고통을 당하고 있는지 귀족들이 분명히 알아야하며, 귀족들은 고통당하는

---

[48] Janet G. MacGregor, *The Scottish Presbyterian Polity*, 50-52.
[49] *FBD*, 160.

가난한 사람들을 배려해야 할 의무가 있음을 지적한다. "우리가 여러분께 영원한 하나님의 이름으로 그리고 그 아들 예수 그리스도의 이름으로 간절히 바라는 바는 여러분이 가난한 형제들, 이 땅의 노동자와 비참한 자들을 고려하라는 것이다."[50] 만일 프로테스탄트 종교개혁을 지지하는 귀족들조차도 가난한 사람들을 배려하지 않고 여전히 교황주의자들처럼 부당한 십일조와 과도한 세금을 부과하여 극심한 착취와 탄압을 일삼는다면, "교황정치의 전횡이 귀족들 혹은 지주들의 전횡으로 바뀌는 것뿐이다."[51]

『제1치리서』는 십일조를 부당하게 부과하여 자신들의 배를 불리는 자들은 "도적"이며, 더 나아가 "살인자"라고 비판한다.[52] 『제1치리서』에는 가난한 민중들이 착취당하는 현실에 대한 개혁자들의 분노가 격정적으로 표현된다. "여러분은 우리가 지금 우리 자신을 위해서가 아니라, 사제들과 그들과 공모한 고용인들에게 **빼앗기고** 억압받아 온 가난한 자들과 노동자들의 편에서 말하고 있다

---

50 *FBD*, 156.
51 *FBD*, 157.
52 *FBD*, 159.

는 것을 쉽게 알 수 있을 것이다. 사제들과 결탁한 고용인들의 게으른 배를 불리는 동안 가난한 자들은 굶주림으로 수척해졌다. 그리고 무엇보다 진짜 노동자들은 자신들이 지불하지 않아도 될 것들을 지불하도록 강요를 당했다. 노동자들은 주교라 불리는 벙어리 개에게 빚진 자들도 아니고 그들에게 고용된 하수인에게 빚진 자들도 아니다. 단지 그들은 교회에 대한 의무만 지닐 뿐이다."[53] 개혁자들은 스코틀랜드의 프로테스탄트 귀족들에게 로마교회의 고용인이나 하수인처럼 가난한 사람들을 착취하지 말라고 당부한다. 만일 사적으로 부당하게 십일조를 착취한 일이 있다면 보상이 이루어져야 한다고 말한다. 십일조는 교회에 대한 의무이지, 사제나 귀족에 대한 의무는 아니기 때문이다.

『제1치리서』는 십일조와 교회의 지대地代를 거두고 관리하며 분배하는 책임을 집사들이 맡아야 한다고 말한다. "우리는 집사들을 매년 임명하여, 그들로 하여금 교회의 모든 지대를 거두어들이게 하는 것이 가장 좋다고 생각한다."[54] 이것은 앞에서 말한 것처럼 목회자, 교사,

---

[53] *FBD*, 160.

가난한 사람들을 부양하고 돌보기 위함이다. 집사들은 회계 상황을 자주 목회자와 장로에게 보고해야 하고, 매년 회계 계정에 대한 감사를 받아야 하며, 새로 선출된 후임 집사들에게 모든 것을 투명하게 이관해 주어야 한다. 집사를 매년 선출하도록 한 것은 몇몇 사람에게 재정적 권한이 집중됨으로써 발생할 수 있는 부패를 방지하기 위함이었다. 뿐만 아니라 개별교회는 상세한 회계기록을 시찰감독을 통해 상급위원회에 제출함으로써 교회들 사이에 균등함이 이루어질 수 있도록 해야 한다.[55] 『제1치리서』는 이와 같은 합리적인 제도를 통해 교회가 투명하게 재산을 관리함으로써, 목회자와 교사와 가난한 사람들을 부양하고 돌보는 데 필요한 현실적인 재원을 마련하고자 하였다.

교육

종교개혁 운동이 단회적인 사건으로 끝나지 않고 세

---

[54] *FBD*, 158.
[55] *FBD*, 164.

대를 이어 영속적인 영향력을 끼치기 위해서 꼭 필요한 것이 교육이었다. 그랬기 때문에 개혁자들이 개혁운동을 시작할 때 가장 먼저 마련한 것이 신앙교육서 혹은 교리문답서라고 불리는 교육용 문서였다.[56] 성도들에게 복음의 핵심을 체계적으로 가르치는 신앙교육서야말로 아래로부터의 개혁을 가능하게 하는 개혁의 풀뿌리였다. 그런데 스코틀랜드 『제1치리서』는 단순한 교회의 신앙교육서가 아니라 국가적 차원에서 시행하는 보통교육을 제시하는 글을 담고 있다. 목회자 사례와 교회의 재산 분배를 다루는 5항의 말미에 학교와 대학의 설립을 다루는 독자적인 내용이 첨가되어 있다. 16세기 어떤 프로테스탄트 교회헌법도 교육에 대해 이만큼 포괄적인 내용을 담고 있지는 못하다. 이것은 아마도 교육이 교회의 미래를 위해 매우 중요했기 때문이기도 하지만, 스코틀랜드의 종교개혁이 단지 교회만이 아니라 사회 전반의 변화와 개혁을 지향했음을 보여준다.

『제1치리서』는 "그리스도의 영광의 진보를 진정으로

---

[56] 다양한 프로테스탄트 교리문답에 관해서는 박경수, "16세기 프로테스탄트 교리문답에 대한 비교 연구: 후프마이어, 루터, 칼뱅의 교리문답을 중심으로," 「칼빈연구」 13집 (2016), 193-222를 참조하라.

갈망하거나, 그리스도의 은혜가 다음 세대까지 지속되기를 원한다면,"[57] 교육과 양육에 최대한 관심을 기울여야 한다고 단언한다. 교육은 하나님의 사람을 온전히 세우기 위한, 또한 교회의 미래를 위한 최선의 방책인 셈이다. 『제1치리서』는 적어도 중소도시에는 각 교회에 교육 책임자가 있어야 하며, 산골 지역이라 할지라도 일주일에 한번은 어린이와 청년을 위한 교리문답을 가르쳐야 하며, 시찰감독이 있는 큰 도시에는 대학을 세울 것을 제안한다.[58] 『제1치리서』의 특이한 점은 부자는 경제적 능력이 있기 때문에 자비로 자녀들을 교육시켜야 하며, 가난한 사람의 자녀들은 교회가 책임을 지고 교육시켜야 한다고 말한다.[59] 누구든지 부모의 경제적 조건 때문에 교육의 기회로부터 소외되어서는 안 된다는 것이다.

『제1치리서』는 대학교의 설립과 운영에 대해서도 다루고 있다. 16세기 당시 스코틀랜드에 있던 세인트앤드루스, 글래스고, 애버딘 대학교에서 학생들에게 언제, 무엇을, 얼마 동안 가르칠 것인지, 어떤 단계를 밟아 교육

---

[57] *FBD*, 130.
[58] *FBD*, 130-131.
[59] *FBD*, 132.

을 받아야 하는지, 어떤 사람을 강사, 담임교수, 학장, 총장으로 세울 것인지, 강사와 직원의 급료와 장학생의 수는 얼마로 할 것인지, 대학교의 특권이 무엇인지 등 광범위한 주제에 대해 자세히 언급하고 있다. 이처럼 스코틀랜드의 개혁자들은 교리문답을 가르치는 교구학교, 초등교육을 실시하는 문법학교, 고등교육기관인 대학이나 대학교로 이어지는 교육체계의 구조를 제시하였다.[60] 사실상 『스코틀랜드신앙고백』이 1560년 의회에서 곧바로 승인된 반면, 『제1치리서』는 승인을 받지 못하고 한참 후에야 받아들여지게 된 이유가 바로 교육을 위해 필요한 막대한 재원 때문에 귀족들이 부담해야 할 재정적 부담이 컸기 때문이다.

스코틀랜드 종교개혁 450주년 기념식에서 언급했던 알렉스 사몬 Alex Salmond 의 다음과 같은 평가는 귀 기울여 들을만하다. "종교개혁이 만들어낸 교육 분위기는 오늘날 우리가 알고 있는 사회의 발전에 필수적입니다. 1560년에 제정된 『제1치리서』는 의회에서 1696년의 학교설립법을 이끌어 냈고, 스코틀랜드의 무상교육과 보편교육제

60　김중락, "스코틀랜드 『제1치리서』와 교육개혁," 『영국연구』 38 (2017), 38.

도를 설립하도록 했습니다. 나는 스코틀랜드의 가장 위대한 창안은 공교육이라고 믿습니다."[61] 『제1치리서』의 교육개혁이 가난한 사람들의 자녀들이라 할지라도 교구학교로부터 대학교의 고등과정까지 보편무상교육을 차별 없이 받을 수 있는 기회를 보장하였고, 이로써 스코틀랜드 교회의 개혁과 사회의 진보를 이끌어 냈다는 평가이다.

IV. 결론

지금까지 개혁교회의 유산과 정신을 이어받은 스코틀랜드장로교회 최초의 교회헌법인 『제1치리서』의 중심 주제들, 목사·장로·집사의 직제, 시찰감독이라는 독특한 직제, 성서연구를 위한 예언모임, 치리, 교회 재정, 교육 등을 살펴보았다. 이 논문은 한국장로교회의 목회자이자

---

[61] 김중락, "스코틀랜드 『제1치리서』와 교육개혁," 52에서 재인용.

신학자로서 오늘날 한국교회가 겪고 있는 정치적 혼란과 분열을 극복할 수 있는 원리 혹은 단초를 최초의 장로교 헌법인『제1치리서』에서 발견할 수 있기를 바라는 소망에서부터 시작된 것이다. 이런 소망 때문에 필자는 최근『제1치리서』를 우리말로 번역하였고 조만간 출판하려고 한다.

흄 브라운은『제1치리서』를 "스코틀랜드 역사상 가장 중요한 문헌"이라고 불렀고, 더글라스는 "『제1치리서』는 어떤 면에서는『스코틀랜드신앙고백』보다도 더 중요한 책"이라고 평가하였다.[62] 그만큼 스코틀랜드 종교개혁 역사에서『제1치리서』가 차지하는 비중이 크고 무겁다. 목회자를 위시한 직분을 맡은 자의 진정성에 대한 기술, 예언모임과 치리의 중요성에 대한 강조, 가난한 사람들에 대한 우선적 배려, 교육의 기회 평등에 대한 주장, 합리적이고 투명한 교회 재정 사용에 대한 원칙 등은 프로테스탄트 종교개혁 운동에서 결정적 역할을 하였고 오늘날 교회개혁을 위해서도 유익한 통찰력을 제공한다. 그러나

---

[62] P. Hume Brown, *John Knox* (Edinburgh: A. & C. Black, 1895), 2:148; J. D. Douglas, "칼빈주의가 스코틀랜드에 끼친 공헌,"『칼빈이 서양에 끼친 영향』, 홍치모・이훈영 옮김 (크리스챤다이제스트, 1993), 271.

어쩌면 16세기 『제1치리서』의 원리를 21세기 한국교회의 상황에 적합하게 적용하는 문제는 또 다른 지난한 노력과 분투를 필요로 하는 과제일지도 모른다.

『제1치리서』 저자들은 결론 부분에서 스코틀랜드의 지도자들에게 한걸음에 교회개혁의 길로 나설 것을 엄중하게 경고하며 호소한다. 오늘 한국교회에서 책임을 맡은 사람들에게 주는 메시지처럼 들리는 것은 무슨 까닭일까? 두려운 마음으로 경청해야 할 금언이다.

만약 여러분이 지금 하나님의 부르심에 순종한다면 우리는 그분께서 여러분의 가장 필요한 것들에 응답하실 것을 의심치 않는다. 하지만 만약 당신들이 스스로의 부패한 판단을 따르고 그분의 목소리와 부르심을 업신여긴다면, 우리가 확신하건대 여러분이 이전에 저지른 불법과 현재의 배은망덕이 합쳐져서 하나님의 정의로운 심판을 초래할 것이다.[63]

---

[63] *FBD*, 209.

참고문헌

"The Scottish Confession (1560)." In *Reformed Confessions of the 16th and 17th Centuries in English Translation*. Vol. 2. Compiled by James T. Dennison, Jr. Grand Rapids: Reformation Heritage Books, 2010.

Brown, P. Hume. *John Knox*. Edinburgh: A. & C. Black, 1895.

Calvin, John. *Institutes of the Christian Religion (1559)*. Edited by John T. McNeill. trans. Ford L. Battles. Philadelphia: The Westminster Press, 1960.

_____. 『칼뱅: 신학논문들』. 황정욱·박경수 옮김. 서울: 두란노아카데미, 2011.

_____. 박건택 편역. 『칼뱅작품선집』 VII. 서울: 총신대학교출판부, 2011.

Cameron, James K. *The First Book of Discipline*. Edinburgh: The Saint Andrew Press, 1972.

Donaldson, Gordon. *The Scottish Reformation*. Cambridge: Cambridge University Press, 1960.

Douglas, J. D. "칼빈주의가 스코틀랜드에 끼친 공헌." 홍치모·이훈영 옮김. 『칼빈이 서양에 끼친 영향』. 서울: 크리스챤다이제스트, 1993.

Healey, Robert M. "The Preaching Ministry in Scotland's *First Book of Discipline*." *Church History* 58 (1989), 339-353.

Knox, John. *Works of John Knox*. Vol. 1-VI. Edited by David Laing. Edinburgh: The Banner of Truth Trust, rep. 2017.

MacGregor, Janet G. *The Scottish Presbyterian Polity: A Study of its Origins in the Sixteenth Century*. Edinburgh: Oliver and Boyd, 1926.

Reid, W. Stanford. "French Influence on the *First Scots Confession* and *Book of Discipline*." *Westminster Theological Journal* 35 (1972/1973), 1-14.

_____. "*The Book of Discipline*: Church and State in the Scottish Reformation." *Westminster Theological Journal* 35 (1972/1973), 1-14.

기독교윤리실천운동. 『2017년 한국교회의 사회적 신뢰도 여론조사』. 서울: 기윤실, 2017.

김중락. "스코틀랜드 『제1치리서』와 교육개혁." 『영국연구』 38 (2017), 29-57.

박경수. "16세기 제네바 교회의 목회자 선발과 훈련에 관한 연구." 『한국교회를 위한 칼뱅의 유산』. 서울: 대한기독교서회, 2014.

_____. "16세기 프로테스탄트 교리문답에 대한 비교 연구: 후프마이어, 루터, 칼뱅의 교리문답을 중심으로." 「칼빈연구」 13집 (2016), 193-222.

_____. "미카엘 세르베투스 사건에 대한 재평가: 칼뱅은 프로테스탄트 불관용의 대표자였는가?." 『교회의 신학자 칼뱅』. 서울: 대한기독교서회, 2009.

_____. "세바스티앙 카스텔리옹의 생애와 저작들: 16세기 관용논쟁을 중심으로." 『한국교회를 위한 칼뱅의 유산』. 서울: 대한기독교서회, 2014.

제 2 장

스코틀랜드 장로교회 『제2치리서』를 통해 본 한국장로교회 정치체제 개혁을 위한 제언

* 이장의 내용은 『갱신과부흥』 제25집(2020.03), 175-206쪽에 게재되었습니다.

I. 서론

오늘날 한국교회를 생각할 때 '빛', '소금', '희망'이라는 단어보다 답답하고 암담한 생각이 먼저 드는 것이 필자만의 특별한 경우는 아닐 것이다. 교회를 사랑하는 사람일수록 절망의 깊이와 아픔이 더 크다. 한국교회가 정치적으로 심각하게 경도傾倒되어 있고, 도덕적으로 신뢰를 받지 못하고, 사회적 영향력은 미미하며, 심지어 종교로서의 기본적인 역할마저도 제대로 감당하지 못하고 있다는 우려와 비판이, 그저 교회에 적대적인 사람들의 비난이 아니라 그리스도인들조차도 스스로 인정할 수밖에 없는 지적이라는 점이 우리를 슬프게 한다. 어떻게 해야 한국교회가 빛과 소금과 희망의 전달자가 될 수 있을 것인지, 그리스도인이라는 사실이 부끄럽지 않고 당당할 수 있을 것인지, 교회가 전하는 복음의 가치가 올바로 전해질 수 있을 것인지 고심하게 된다. 근본적인 방향과 가치가 새롭게 설정되지 않고서는, 또한 구조적인 개혁과 변화가 없이는 요원한 일이다. 그렇다면 어디에서부터 출발해야 할까라는 물음 앞에서 필자는 교회 정치체제의 개혁이라는 작은 화두를 던지고자 한다.

한국교회의 개혁 의제들을 말할 때 항상 등장하는 것이 정치체제의 문제이다. 특별히 필자는 한국장로교회를 중심으로 교회 정치체제의 문제를 다루고자 한다. 한국교회에서 장로교가 차지하는 비중이 70%가 넘을 정도로 압도적이기 때문이기도 하고, 필자가 장로교회의 목사요 신학자이기 때문이기도 하다. 오늘 한국장로교회 안에서 목사와 장로가 갈등하고, 당회와 안수집사들이 분열하여 교회의 평안이 깨지는 일이 비일비재하다. 과연 목사, 장로, 집사는 어떤 사람들이며, 교회 안에서 무슨 일을 해야 하는지에 대한 인식조차도 분명하지 못한 현실이다.

그러므로 필자는 역사상 최초의 장로교회 국가였던 스코틀랜드교회의 교회헌법인 『제2치리서』1578를 살펴보면서,[1] 장로교회가 처음 출발할 때 가졌던 원칙과 기준이 무엇이었는지를 돌아보고, 오늘 한국장로교회가 이어받고 지켜야 할 유산은 무엇인지 또 한국장로교회의 정치체제의 방향성에 대해서 숙고하고자 한다. 한국장로교회 안에도 매우 다양한 교단이 있고 정치체제에 있어서도 차이가 있으므로 장로교회 전체를 포괄할 수 없기 때문에,

부득이하게 필자가 속한 대한예수교장로회 통합 교단에 초점을 맞추어 교회 직제와 정체의 개혁 방향을 제안하도록 하겠다.

II. 『제1치리서』에서 『제2치리서』까지

1559년 스코틀랜드로 귀국한 존 녹스가 중심이 되어 1560년 작성된 『스코틀랜드신앙고백서』와 『제1치리서』는 스코틀랜드를 프로테스탄트 국가로 세우는 데 결정적

---

1 『제2치리서』가 장로교회 직제와 정치체제에서 갖는 역사적 중요성에도 불구하고, 놀랍게도 장로교회가 개신교의 대세인 국내에서 거의 연구되지 않았다는 사실은 의외이다. 국내의 선행 연구논문으로는 이승구, "스코틀랜드 교회『제2치리서』(1578)에 나타난 장로교회의 모습,"『신학정론』 31/2 (2013), 188-224가 거의 유일하고, 김중락의 책『스코틀랜드 종교개혁사』(서울: 흑곰북스, 2017) 13장에서 부분적으로 다루어지고 있다. 국외의 선행 연구물로는 James Kirk, *The Second Book of Discipline* (Edinburgh: Covenanters Press, 1980)가 있는데, 특히 150쪽이 넘는『제2치리서』에 관한 그의 해설(3-158쪽)은 독보적이다. 그 밖에도 W. Stanford Reid, "The *Book of Discipline*: Church and State in the Scottish Reformation, *Westminster Theological Journal* Vol. 35 (1972/1973), 35-44; Alexander F. Mitchell, *The Scottish Reformation* (Edinburgh: William Blackwood and Sons, 1900); Janet G. MacGregor, *The Scottish Presbyterian Polity: A Study of its Origins in the Sixteenth Century* (Edinburgh: Oliver and Boyd, 1926)가 중요한 2차 자료들이다.

인 분기점이 되었다.[2] 『제1치리서』는 1560년 스코틀랜드 교회의 첫 번째 총회에서 승인되었고, 1561년 1월 27일 귀족들의 회의체인 신분위원회에서 채택되었지만, 의회의 승인을 받지는 못하였다. 여전히 장로교회의 정치체제가 로마가톨릭교회의 구체제를 온전히 대체하기 위해서는 정치적이며 경제적인 여건이 좀 더 무르익어야 할 시간이 필요했던 것이다. 그렇다면 『제1치리서』가 제시된 1560년부터 보다 온전한 형태의 장로교회 헌법인 『제2치리서』가 나온 1578년까지 어떤 과정을 거쳤는지 검토해 보자.

정치적 배경[3]

스코틀랜드에서 1560년부터 1578년까지 더 멀리는 1592년 소위 '황금법'Golden Act으로 장로교회가 공고해지기까지 왕, 귀족, 교회지도자들 사이에 긴 투쟁이 이어졌

---

2 『제1치리서』의 배경과 내용은 박경수, "스코틀랜드 『제1치리서』에 나타난 장로교회 정치체제의 근간," 『신학논단』 97 (2019), 41-70을 참조하라.
3 김중락, 『스코틀랜드 종교개혁사』, 123-162; 박경수, "존 녹스: 하나님의 나팔수," 『개혁교회, 그 현장을 가다』(서울: 대한기독교서회, 2018), 215-238을 참조하라.

다. 스코틀랜드에서 장로교회의 성격을 규명한 『제1치리서』가 채택된 후 얼마 지나지 않은 1561년 8월 프랑스로 시집을 갔던 메리가 남편 프랑수아 2세와 사별하고 고국으로 돌아와 왕의 자리에 올랐다. 어머니를 통해 프랑스 기즈Guise 가문의 혈통을 물려받은 로마가톨릭교도인 메리는 자연스럽게 교회개혁자 존 녹스를 비롯한 프로테스탄트 귀족들과 충돌할 수밖에 없었다. 여왕은 스코틀랜드의 종교개혁을 공식적으로는 인정하면서도 사적으로는 왕궁에서 로마가톨릭의 미사를 거행하였다. 여왕이 머무는 홀리루드 왕궁과 녹스가 목회하던 세인트자일스 교회는 불과 1km의 거리를 두고 같은 도로 위에 자리 잡고 있었다. 1561년부터 1563년까지 여성의 통치권, 국가에 대한 저항권, 로마교회의 정당성 등의 주제를 두고 여왕과 녹스 사이에 여러 차례 거친 설전이 벌어졌다. 이 와중에서 귀족들은 자신들의 권리와 특혜를 지키기 위해 그때마다 입장을 달리하면서 종교개혁의 과정을 더욱 복잡하게 만들었다.

스코틀랜드 종교개혁의 과정을 얽히고설키게 만든 또 다른 요인이 여왕 메리의 결혼 문제였다. 1565년 메리가 로마가톨릭 귀족인 레녹스 백작 매튜 스튜어트의 아들인 단리 경 Henry Stewart, Lord Darnley과 두 번째 결혼을 하자 프로테스탄트 귀족들은 스코틀랜드를 다시 로마가톨릭으로 돌리려는 음모로 받아들였다. 실제로 메리도 그런 희망을 품고 있었던 것으로 여겨진다. 이에 맞서 프로테스탄트 귀족들은 왕실에 대항하는 군대를 일으켰지만 성공하지 못하고 패함으로써 오히려 프로테스탄트 세력의 약화를 초래하기도 하였다. 그러다가 1567년 여왕 메리가 또 다른 로마가톨릭 귀족인 보스웰 백작 James Hepburn, Earl of Bothwell 과 세 번째 결혼을 하게 되면서 오히려 프로테스탄트가 새롭게 득세할 기회를 얻었다. 왜냐하면 메리가 보스웰과 공모하여 남편 단리 경을 살해하는 일에 연루되었다는 의심을 샀기 때문이다. 결국 프로테스탄트 진영이 득세하면서 보스웰은 망명을 떠나고 여왕은 폐위되었다. 메리와 단리 경 사이에서 태어난 갓 돌을 지난 제임스가 1567년 7월 29일 제임스 6세로서 왕위에 올랐고, 그 즉위식 때 녹스가 설교를 맡았다.

제임스 6세가 너무 어린 나이였기 때문에 섭정 정치가 시작되었다. 제임스 6세가 왕이 된 1567년부터 『제2치리서』가 나오는 1578년까지 섭정 정치가 이어졌는데, 이 동안 다스렸던 네 명의 섭정은 모레이 백작 제임스 스튜어트 1567.8.22-1570.1.23, 레녹스 백작 매튜 스튜어트 1570.7.22-1571.9.4, 마르 백작 존 어스키네 1571.11.18-1572.1.28, 모턴 백작 제임스 더글라스 1572.11.24-1578.3.10였다. 첫 번째 섭정이었던 모레이 백작과 네 번째 섭정인 모턴 백작은 프로테스탄트 귀족이었지만, 나머지 두 사람 레녹스 백작과 마르 백작은 로마가톨릭교도였다. 이것은 스코틀랜드가 프로테스탄트 국가로 돌아섰지만 아직 완전히 체계를 갖추지는 못했음을 의미한다. 뿐만 아니라 폐위되어 옥에 갇혀 있던 메리 여왕이 1568년 탈출하여 잉글랜드로 피신하면서 로마가톨릭 귀족 세력뿐 아니라 다양한 이해관계로 여왕의 편에 선 세력들이 합세하여 프로테스탄트 귀족들과 대치를 이어갔다. 그 와중인 1572년 11월 24일 스코틀랜드 종교개혁의 나팔수 존 녹스가 숨을 거두었다.

종교적 배경

종교적인 측면에서 『제1치리서』와 『제2치리서』 사이에 가장 치열한 논쟁의 초점은 주교제였다. 녹스를 비롯한 『제1치리서』의 저자들은 프로테스탄트 목회자가 절대적으로 부족한 상황에서 전국 방방곡곡에 참된 복음을 전하기 위해 한시적으로 시찰감독superintendent이라는 직제를 채택하였다.[4] 시찰감독은 개(個)교회에만 매여 있는 것이 아니라 넓은 지역을 순회하면서 여러 교회들을 돌보고, 목회자와 목회현장을 살피는 역할을 감당하는 순회설교자였다. 시찰감독은 사실상 로마가톨릭교회의 주교와는 다른 성격을 지닌 직제였고 또 실제로 시찰감독에 선출될 만한 합당한 사람이 부족하여 제대로 운영되지 못한 제도였음에도 불구하고, 그 이름에서부터 로마교회의 잔재로 오해를 샀다. 시찰감독이라는 직제를 둔 것 자체가 주교제를 인정한 것이라는 인상을 주었던 것이다.

제임스 6세 통치 시기 마지막 섭정이었던 모턴 백작은 잉글랜드의 도움을 받아 메리 여왕 세력을 완전히 소탕했기 때문에 정치적인 면에서만 아니라 종교적인 차원에서도 친(親)잉글랜드 정책을 폈다. 따라서 모턴은 주교제도에 대해서도 호의적이었다. 모턴 직전 섭정이었던 마르 백작은 1572년 1월 12일 60여 명의 교회 대표들을 리스에 소집하여 국왕이 교회의 승인을 받아 주교를 임명할

---

[4] James K. Cameron, *The First Book of Discipline* (Edinburgh: The Saint Andrew Press, 1972), 115-128; 박경수, "스코틀랜드 『제1치리서』에 나타난 장로교회 정치체제의 근간," 52-55을 참조하라.

수 있다고 결정하였다.[5] 이를 리스협약Concordat of Leith이라 부른다. 모턴 백작도 이 협약을 그대로 받아들여 시행하고자 하였다. 녹스를 비롯한 교회지도자들은 리스협약이 스코틀랜드 장로교회 제도 자체를 이전 로마가톨릭교회의 체제로 되돌리려는 반동적인 조치라며 거세게 반발하였다. 내용적으로 보아도 주교제의 재도입은 "교회 문제에 대한 국가의 개입 거부, 세속 문제에 목회자의 공식적 관여 거부, 어떤 목회자가 동료 목회자들 위에 군림하는 것을 허용하지 않는 사역자 사이의 동등성에 대한 강조, 주교가 구체적인 한 회중에게 매이지 않고 제 마음대로 방임되어 있는 주교제도의 관례에 대한 거부"[6]라는 스코틀랜드 종교개혁의 기본 정신과 원칙에 위배되는 심각한 문제였다.

게다가 섭정과 귀족들이 주교제에 대한 미련을 버리지 못한 실제적인 이유는 경제적인 이익과 연관되어 있었

---

[5] 『제2치리서』의 본문 11항에서 리스협약이 1571년이라고 표기되어 있지만 이는 달력의 차이에 따른 것으로, 새로운 역법에 따라 계산하면 1572년 1월이다. 옛 달력(舊曆)에서는 새해가 3월 25일에 시작되는 것으로 되어 있었기 때문에 1572년 1월도 1571년으로 표기한 것이다.

[6] Jurgens Johannes van Wyk, *The Historical Development of the Offices according to the Presbyterian Tradition of Scotland*, Kachere Theses no. 7 (Zomba: Kachere Series, 2004), 42.

다. 권력자들은 허울뿐인 주교를 세움으로써, 교회 소유의 토지에서 발생하는 수입으로 성직자에게 제공하는 성직록을 자신들의 주머니에 채우려는 목적으로 더욱 더 주교제에 집착했다. 왜냐하면 국왕의 자문기구인 추밀원은 옛 체제에서 새로운 체제로의 전환 과정에서 혼란을 막기 위해, 로마가톨릭교회 성직자들의 성직록 중 1/3은 왕실과 교회를 위해 사용하도록 하고 나머지는 성직자들이 살아 있는 동안 그들의 생활비로 배정하였다. 그러나 실제로는 왕실이 1/3의 몫 전체에 대한 권리를 주장했기 때문에 교회는 별다른 혜택을 누릴 수도 없었다.[7] 따라서 국왕파와 귀족들은 자신의 입맛에 맞는 허수아비 주교, 즉 '툴칸 주교'[8]를 세우고 거기에서 나오는 수입을 챙기고자 했던 것이다. 리스협약에서 주교제를 채택한 진짜 이유는 교회의 안정이 아니라 교회의 토지와 재산을 차지하기 위함이었을 것이다.

이처럼 세속적인 경제적 이유와 맞물린 주교제의 도

---

[7] Janet G. MacGregor, *The Scottish Presbyterian Polity*, 99.
[8] 김중락, 『스코틀랜드 종교개혁사』, 167: "툴칸(Tulkan)은 어미 소로부터 더 많은 젖을 짜내기 위해 죽은 송아지의 가죽 속에 북데기를 집어넣어 산 새끼로 보이게 한 것, 즉 허수아비 송아지를 의미한다. 귀족들이 허수아비 주교들을 이용해 이득을 챙기고 있음을 고발하는 말이다."

입에 대해 스코틀랜드 장로교회 총회는 결코 받아들일 수가 없었다. 한시적인 직제인 시찰감독이 있는 지역에 리스협약에 따라 주교가 임명된 경우에는 주도권을 둘러싸고 갈등이 일어나기도 했고, 로마가톨릭의 주교제 도입으로 개혁적인 장로교회의 정체성이 흔들리면서 스코틀랜드교회는 혼란에 빠졌다. 따라서 이런 혼란을 제거하고 교회를 보다 든든하게 세우기 위해서는 새로운 교회 정치체제의 구축과 확립이 요청되었다. 이런 필요성에 따라 연구되기 시작했고 마련된 것이 바로 스코틀랜드 『제2치리서』이다. 따라서 스코틀랜드 교회사를 연구한 버레이는 "『제2치리서』는 결국 1572년 이후 섭정 모턴 백작이 추구한 교회 정치체제에 대한 완전한 역전을 요구한 것이며, 계속되는 총회는 자신의 권위로 그 계획을 실행하고자 하였다."[9]고 평가했고, 커크 또한 "『제2치리서』는 전체적으로 보아 1572년 리스협약에 만족하지 못하는 교회가 만들어 낸 결과물이었다."[10]고 말한다.

---

[9] J.H.S. Burleigh, *A Church History of Scotland* (London: Oxford University Press, 1960), 201.

[10] James Kirk, *Patterns of Reform: Continuity and Change in the Reformation Kirk* (London: T&T Clark, 1989), 361.

『제2치리서』 작성 과정

리스협약에 반대하여 장로교주의를 분명하게 표명해야 할 책임을 맡은 인물은 앤드류 멜빌 Andrew Melville 이었다.[11] 김중락의 평가처럼 "스코틀랜드 종교개혁의 첫 단추를 끼우고 장로교의 발판을 마련한 인물이 존 녹스였다면, 이를 완벽하게 보완하고 완성시킨 사람은 그의 제자 앤드류 멜빌이었다."[12] 스위스 제네바아카데미에서 가르치다가 1574년 스코틀랜드로 돌아온 멜빌은 섭정 모턴의 주교제 추진에 대해 강력하게 반대하였다. 총회는 1575년 주교제도가 과연 스코틀랜드교회에 필요한지를 논할 위원회를 구성하였다. 주교제 옹호 입장을 가지고 있던 세

---

11 앤드류 멜빌(1545-1622)은 1545년 몬트로스 부근 발도비(Baldovie)에서 태어났다. 세인트앤드루스 대학을 졸업한 후 1564년 프랑스로 건너가 파리와 푸아티에에서 수학하였다. 1569년 스위스 제네바로 갔고 제네바아카데미 인문학부 교수로 있다가 1574년 스코틀랜드로 귀국하였다. 1574-80년까지 글래스고 대학 총장으로 재직하면서 교육개혁을 추진하였다. 그의 개혁은 소위 '새로운 설립'(nova erectio)라 불릴 만큼 혁신적이었고, 그리하여 멜빌은 '글래스고 대학의 두 번째 설립자'라 불린다. 1580년 멜빌은 세인트앤드루스 대학으로 옮겨 거기서 '새로운 토대'(nava fundatio)라 불리는 개혁을 추진하여 교육체계를 완전히 혁신시켰다. 그는 1578년 4월 스코틀랜드 장로교회의 총회장에 선출되어 『제2치리서』를 통과시켰다. 멜빌에 대한 최근의 연구를 위해서는 세인트앤드루스 대학의 Roger A. Mason과 글래스고 대학의 Steven J. Reid가 함께 편집한 *Andrew Melville(1545-1622): Writtngs, Reception, and Reputation* (Surrey: Ashgate Publishing Limited, 2014)을 참고하라.

12 김중락, 『스코틀랜드 종교개혁사』, 170.

명_{George Hay, John Row, David Lindsay}과 주교제 반대입장을 가진 세 명_{John Craig, James Lawson, Andrew Melville}을 위원으로 임명하였고 연구와 토론 결과를 총회에 보고하도록 하였다.[13] 멜빌은 반反주교주의를 주장하는 사람들 안에서 즉각적으로 지도력을 인정받았다. 개혁교회의 요람인 제네바에서 칼뱅의 후계자인 베자와 가까이 지내면서 교제했던 멜빌은 개혁주의 사상을 논리적으로 전하면서, 스코틀랜드 개혁교회가 나가야 할 방향을 열정적으로 제시하였다. 멜빌은 국왕이 주교를 임명하는 것은 세속권과 교회권의 구별 원칙에 위배될 뿐만 아니라, 주교가 말씀과 성례의 목회를 담당하지도 않으면서 목회자들 위에 군림하는 것은 사역자들의 동등성이라는 개혁교회의 기본 원칙에 배치된다는 점을 분명하게 밝혔다.

　　마침내 1576년 총회는 자신의 의무를 다하지 않고, 양떼와 교회를 돌보지 않는 주교들을 기소하였다. 또한 시찰과 심방의 직무와 권한이 주교나 시찰감독 개인에게 속한 것이 아니라 교회에 속한 것임을 확인하였다. 이러

---

[13] David Calderwood, *History of the Kirk of Scotland, III*, ed. Thomas Thompson (Edinburgh: Wodrow Society, 1843), 355; John Row, *The True History of the Kirk of Scotland from 1558 to 1637* (Edinburgh: Wodrow Society, 1842), 355.

한 총회의 결의를 확인한 섭정 모턴은 결국 교회가 리스 협약을 따를 준비가 되어 있지 않다면, 개정안을 마련하라고 총회에 양보하였다. 이에 따라 1576년 4월 총회는 새로운 교회 정치체제를 마련하기 위해 22인 위원회를 조직하였는데, 커크는 이 위원회의 설립을 『제2치리서』 작성의 직접적인 출발점으로 간주한다.[14] 동시에 커크는 멜빌이 치리서 작성에서 중요한 역할을 한 것은 사실이지만, 『제2치리서』는 한 개인의 작품이 아니라 위원회의 공동작업의 결과였음을 강조한다.[15] 칼더우드도 1576년 4월 결성된 위원회의 대표가 멜빌이 아니라 글래스고의 데이비드 커닝햄(David Cunningham)이었고, 모인 장소도 그의 집이었음을 지적하면서 『제2치리서』를 멜빌 개인의 것처럼 말하는 것은 잘못이라고 지적하였다.[16] 『제2치리서』는 많은 사람이 함께 참여한 위원회에서 오랜 시간에 걸쳐 치열하게 논의된 후에 나온 집단지성의 산물이라는 점에

---

14 James Kirk, *The Second Book of Discipline*, 46. 커크는 이어서 22명의 면면을 자세하게 소개하고 있다.

15 James Kirk, *The Second Book of Discipline*, 45-46: "『제2치리서』의 저작권을 앤드류 멜빌 한 개인에게 돌리려는 주장은 역사적 사실과 부합하지 않는다. 『제2치리서』는 『제1치리서』처럼 여섯 명의 결과물도 아니고, 총회의 지침에 따라 매우 적극적으로 의견을 개진하고 개정하며 활동한 30명 이상의 목회자들로부터 나온 공동의 산물이다."

16 David Calderwood, *History of the Kirk of Scotland*, III, 368.

서, 녹스를 포함한 여섯 명의 저자들이 단기간에 만들어 낸 『제1치리서』와 분명한 차별성을 지닌다. 위원회는 세 달 이상의 논의를 거쳐 1576년 10월 총회에 초안을 제출하였지만 보다 폭넓은 의견수렴의 필요성에 따라 최종 결정은 추후로 미루어졌다.

총회의 위탁을 받은 위원회는 의견수렴을 거친 새로운 초안을 1577년 4월 총회에 다시 제출하였고, 총회는 항목 하나하나에 대한 설명을 저자에게서 직접 듣고 꼼꼼하게 점검하며 검토하였다. 하지만 총대들이 내용에 대한 완전한 합의에 이르지 못했기 때문에 총회는 11명의 대표에게 위임하여 개정안을 다가오는 10월 총회에 제출하도록 하였다.[17] 이런 과정을 거쳐 마침내 1577년 10월 25일 총회 석상에서 위임 대표단이 개정안을 설명하였고, 총회는 개정안 사본을 섭정에게 보내기로 결의하였다. 한편 섭정 모턴은 대리인을 통해 치리서에 대한 42개의 질문을 총회에 제시하였다. 총회는 이 질문에 답하기 위해 17명의 위원을 임명하여 치밀하게 준비하였다. 커

---

[17] David Calderwood, *History of the Kirk of Scotland*, III, 380-82. 칼더우드에 따르면 11명의 위원은 Robert Pont, James Lawson, the Laird of Dun, Alexander Arbuthnet, Andrew Melville, John Craig, Andrew Hay, George Hay, John Row, David Lindsay and John Duncansone이다.

크가 지적한 것처럼 섭정이 제기한 이와 같은 질문은 위원회가 새로운 교회정치의 조항들을 더욱 세밀하게 마련하도록 자극한 측면도 있다.[18] 이처럼 여러 단계의 세밀한 점검 과정을 거쳐 『제2치리서』의 편집이 이루어졌다. 스코틀랜드교회는 1578년 4월 총회에서 『제2치리서』를 공식적으로 채택하였고, 새로운 교회정치 체제를 담은 치리서를 국왕과 그 자문기관인 추밀원에 제출하였다. 이때 총회의 의장이 앤드류 멜빌이었다. 하지만 총회가 『제2치리서』를 교회헌법으로 승인하고 모든 목회자가 치리서를 받아들이도록 법령을 제정한 것은 1590년 8월이었다. 또한 『제2치리서』는 한참 동안 필사본 형태로만 유통되다가, 1621년에야 『제1치리서』와 함께 묶여 정식으로 출판되었다.[19]

---

[18] James Kirk, *The Second Book of Discipline*, 48. 섭정이 제기한 질문은 사역자들 사이의 차별성, 장로와 집사의 선출, 출교의 행사, 시찰과 주교구의 문제, 교회법정의 권한, 총회의 소집과 구성, 교회법과 세속법의 혼동, 교회의 재산, 성직록, 헌금과 분배 등 교회정치에서 핵심적인 주제들이었다.

[19] James Kirk, *The Second Book of Discipline*, 154.

Ⅲ. 『제2치리서』의 중심 주제와 특징

『제2치리서』는 전체 13항으로 구성되어 있다.[20] 먼저 1항에서 교회정치와 세속정치의 차이점에 대해 다룬다. 교회와 국가 사이의 관계 설정은 프로테스탄트 종교개혁 운동에 있어서 항상 예민하고 중요한 주제 중 하나였다. 스코틀랜드교회가 1578년 4월 총회에서 『제2치리서』를 채택한 직후인 1578년 12월 22일부터 29일까지 스털링 성에서 치리서의 내용을 단어 하나하나까지 세심하게 주목하면서 점검하고 토의하기 위한 특별 회의가 개최되었다. 특이한 사항은 제1항 즉 교회와 국가의 관계를 다루는 항에 대한 논의에만 삼일이 걸렸을 만큼 세속정부와 교회정치의 관계 설정이 큰 숙제였다.[21] 이어서 『제2치리

---

[20] 『제2치리서』(1578)의 조항은 다음과 같다. 제1항 교회와 그 정치체제 일반, 그리고 국가 정치체제와의 차이점에 관하여. 제2항 교회 정치체제의 구성요소와 그 관리를 맡은 직분자들에 관하여. 제3항 교회 직분자들이 그 직무에 임명되는 방식에 관하여. 제4항 각각의 직분자들, 제일 먼저 목회자에 관하여. 제5항 교사와 그 직무, 그리고 학교에 관하여. 제6항 장로와 그 직무에 관하여. 제7항 장로회, 회의체, 그리고 치리에 관하여. 제8항 집사와 그 직무, 교회의 마지막 통상적인 직임에 관하여. 제9항 교회의 재산과 그 분배에 관하여. 제10항 교회 내에서 그리스도인 행정관의 직무에 관하여. 제11항 우리가 개혁하기 원하는 현 교회에 잔존하는 폐습들에 관하여. 제12항 우리가 요구하는 개혁의 구체적인 항목들에 관하여. 제13항 종교개혁이 모든 신분의 사람들에게 끼칠 유익에 관하여.

서』는 2항과 3항에서 교회의 직분과 그 직무에 임명되는 방식에 관하여 다룬 후에, 4항에서는 목회자, 5항에서는 교사와 학교, 6항과 7항에서는 장회와 장로회를 비롯한 회의체의 치리에 관하여, 8항과 9항에서는 집사와 집사가 맡는 직무인 교회재산의 분배에 관하여 자세하게 기술하고 있다. 장로교회의 사중직제라 불리는 목사, 교사, 장로, 집사와 그 역할에 관한 지침을 제공하고 있는 셈이다. 그리고 10항에서는 그리스도인 행정관의 직무를 다룸으로써 1항을 보완하고 있다. 마지막으로 11항에서 13항까지 스코틀랜드교회의 폐습이 무엇인지, 어떤 점들을 개혁해야 하는지, 교회개혁의 유익이 무엇인지를 분명하게 밝힘으로써『제2치리서』가 교회정치 체계의 청사진인 동시에 교회개혁의 나침반 역할을 하도록 하였다.

교회정치와 세속정치의 관계

『제2치리서』는 가시적 교회에 대한 정의로부터 시작

---

21 스털링 대회에 관한 자세한 설명은 David Calderwood, *History of the Kirk of Scotland*, III, 433-442; James Kirk, *The Second Book of Discipline*, 245-253을 참고하라.

한다. 교회는 "예수 그리스도의 복음을 고백하는 모든 사람들"로, 혹은 "경건한 자들만이 아니라 줄곧 겉으로만 참된 신앙을 고백하는 위선자들까지도 섞여 있는 단체이자 회합"으로, 혹은 "경건한 자들과 선택받은 자들"로, 혹은 "진리를 고백하는 회중 가운데서 영적인 역할을 행사하는 사람들"로 정의된다.[22] 교회를 넓게는 예수 그리스도를 믿는 모든 사람으로, 좁게는 영적 직무를 맡은 사람으로 간주하고 있는 것을 볼 수 있다. 이어서 교회의 통치와 권한은 영적인 것이기 때문에 "교회의 정치체제는 하나님의 말씀으로 임명된 교회 구성원들에 의해 행사되는 영적 통치의 질서 혹은 형식"으로 규정된다.[23]

『제2치리서』는 교회의 권한과 정치체제는 세속 정부의 그것들과는 여러 가지 면에서 분명한 차이점이 있다고 말한다. 우선 세속 정부는 왕과 군주를 우두머리로 두지만, 교회에서는 오직 그리스도만이 유일한 왕이자 통치

---

[22] 『제2치리서』의 본문은 David Calderwood, "The Second Book of Discipline," *History of the Kirk of Scotland*, III, 529-55를 보라(이하 *"Second Book of Discipline"*으로 표기한다). *Second Book of Discipline*, 529. 본고에서는 이 본문을 현대의 문법, 철자, 구두점에 맞춰 편집하여 1993년 Presbyterian Heritage Publications에 펴낸 현대어 본문을 참조하였다. 『제2치리서』에 대한 비평적 본문에 관심을 가진 독자라면 James Kirk, *The Second Book of Discipline*, 159-244를 참고하라.

[23] *Second Book of Discipline*, 530.

자이다. 어떤 인간도 교회의 머리라는 칭호를 찬탈할 수는 없다. 교회 안에서는 그리스도만이 유일한 영적인 왕이며, 모든 사람들은 봉사자, 제자, 종이다. 『제2치리서』는 계속하여 세속의 행정관과 교회의 목회자의 차이를 자세하게 열거한다.[24] 이처럼 "칼의 권세"인 세속 권력과 "열쇠의 권세"인 교회 권력은 본성과 내용의 면에서 분명히 다르며, 따라서 권한의 행사 방식과 범위에서도 차이가 있음을 확인할 수 있다.

그럼에도 불구하고, 세속의 권력과 교회의 권한은 "둘 다 하나님께 속한 것이고, 바르게 사용된다면 하나의 동일한 목표, 즉 하나님의 영광을 증진시키고 경건하고

---

[24] *Second Book of Discipline*, 531-32: "행정관은 백성들 가운데 외적인 평화와 안녕을 위해 외적인 것들을 명하는 반면, 목회자는 오직 양심과 관련될 때에만 외적인 것들을 다룬다. 행정관은 외적인 것들과 사람들 앞에서 행해진 행동만 다루지만, 영적인 지도자는 하나님의 말씀에 따라 양심과 관련하여 내적인 마음가짐과 외적인 행동 모두를 판단한다. 세속 행정관은 칼과 다른 외적인 방편들을 써서 복종을 구하고 또 얻지만, 목회자는 영적인 칼과 영적인 방편으로 그렇게 한다. 행정관은 설교하거나 성례를 거행할 필요가 없고, 교회의 치리를 실행할 필요도 없으며, 어떤 규정을 어떻게 해야 한다고 지시할 필요도 없다. 단지 그들은 목회자들에게 말씀에 명해진 규정을 지키라고 명하고, 위법자들을 세속적인 방식으로 처벌해야 한다. 목회자들은 세속 사법권을 행사하는 것이 아니라, 행정관들에게 그 사법권을 말씀에 따라 어떻게 행사해야 하는지를 가르쳐야 한다. 행정관은 교회의 사법권을 보조하고, 유지하고, 강화해야 한다. 목회자들은 세속적인 일에 관여함으로써 자신들의 고유한 직무를 등한시하지 않는다는 전제 하에, 말씀에 합하는 모든 일에서 영주들을 도와야 한다. 목회자들이 외적인 일에서 죄를 범했을 때 행정관의 판단과 처벌에 복종해야 하듯이, 행정관들 또한 양심과 종교의 문제에서 죄를 지었을 때는 교회의 치리에 복종해야 한다."

선량한 백성을 만든다는 목표"를 공유하고 있다.[25] 따라서 두 권력은 공동의 목표를 이루기 위해 상호보완적인 관계를 유지해야 한다. "세속권력은 영적인 사람들에게 하나님의 말씀에 따라 그 직무를 행하라고 명해야 한다. 영적인 지도자들은 그리스도교인 행정관에게 정의롭게 다스리고 악을 벌하며 관할지역 안에서 교회의 자유와 안녕을 지키라고 요구해야 한다."[26] 또한 "교회의 목회자와 다른 직분자들이 세속 행정관에게 복종해야 하는 것처럼, 행정을 맡은 사람들도 영적으로는 교회에 복종해야 하고 교회의 통치에 따라야 한다."[27] 이처럼 행정관과 목회자는 서로에 대한 의무와 책임을 다해야 한다. 이와 같은 교회와 국가의 구별 원칙은 스코틀랜드 장로교회의 중요한 원리이며, 『제2치리서』의 근본정신이다. 메리 여왕과 제임스 6세와 섭정들의 얽히고설킨 정치상황 안에서 국가의 부당한 간섭으로부터 교회의 본질을 지키기 위해서 교회와 국가 권력의 구별과 차이를 분명하게 설정하는 것이 대단히 중요한 출발점이었음을 충분히 이해할 수 있다.

---

[25] *Second Book of Discipline*, 530.
[26] *Second Book of Discipline*, 531.
[27] *Second Book of Discipline*, 531.

『제2치리서』는 교회 내에서 그리스도인 정치인의 직무와 역할에 대해 10항에서 다시 한 번 다루고 있다. 세속의 정치인을 "교회를 풍성하게 하는 자"라 부르면서 교회에 해가 되는 것들에 대항하여 "교회를 유지하고, 육성하고, 지지하고, 옹호해야" 할 임무를 갖는다고 말한다.[28] 행정관은 교회의 본질이 훼손되지 않도록 돕고, 교육과 구제와 같은 사역이 잘 진행될 수 있도록 살피고, 하나님의 뜻에 합한 법을 만들어 교회를 지키며, 교회에 속한 영적인 열쇠의 권세를 침범하거나 빼앗으려고 해서는 안 되며, 목회자의 목소리에 귀를 기울이고 그들의 권위를 존중해야 한다고 주장한다.[29] 16세기 후반 스코틀랜드의 정치상황 속에서 정치지도자들이 교회의 권위를 침해하거나 교회개혁에 걸림돌로 작용해서는 안 되며, 오히려 교회를 바르게 세우는데 협력해야 함을 지적하는 대목이다.

---

[28] *Second Book of Discipline*, 545.
[29] *Second Book of Discipline*, 545-46.

교회의 직제와 그 직무

『제2치리서』는 2항에서 9항까지 교회의 직제와 각각의 직무에 대해 많은 분량을 할애하여 다루고 있다. 교회의 직제는 크게 세 가지, "교리, 치리, 분배"를 담당하는 것으로 이루어지는데 그 각각의 역할을 하는 사람이 "목사, 장로, 집사"이다.[30] 이들은 모두 주님의 몸인 교회의 봉사자들 혹은 사역자들이다. 이들은 "각자 기능에 따라 동등한 권한"을 지니고 있기 때문에, "형제애적 상호합의를 통해" 교회를 섬기고 다스려야 한다.[31] 『제2치리서』는 "목사 혹은 감독, 교사, 장로, 집사"의 네 가지 직무가 하나님의 교회에서 언제나 있어야 하는 통상적인 직무라고 규정한다. 이 네 직무는 어느 시대, 어느 장소에서든 교회에는 영속적으로 있어야 하는 것임을 강조한 것이다.

이어서 3항에서는 교회 직분을 맡은 사람들이 그 자리에 임명되는 방식에 대해 다룬다. 교회의 직무를 맡기 위해서는 먼저 하나님의 부르심이라는 내적 소명과 교회

---

[30] *Second Book of Discipline*, 532.
[31] *Second Book of Discipline*, 533.

의 부름이라는 외적 소명이 확인되어야 하며, 둘째 장로회의 검증과 선택, 셋째 회중의 동의와 함께 공적이고 합법적인 선출이 있어야 한다. 특별히 교회의 직무를 맡을 사람을 검증할 때 두 가지 기준이 있었는데, 건전한 신앙과 경건한 삶이었다.[32] 이것은 칼뱅의 제네바 교회헌법이 목회자의 자격 조건으로 내세웠던 것과 동일한 기준이다. 충분한 검증과정을 거친 사람을 직분자로 임직할 때에는 금식, 기도, 장로들의 안수를 통해 세웠다. 그리고 교회의 모든 일꾼이 명심해야 할 두 가지 중요한 가치는 "하나님의 영광과 교회의 덕"이다.[33]

『제2치리서』는 4항에서 목회자에 대해 말한다. 목사, 감독, 목회자, 장로 등의 다양한 호칭으로 불리는 사람은[34] 특정한 회중을 맡아 돌보아야 하며, 정당하게 선출된 이후에는 노회나 총회의 허락 없이 자기 마음대로 사역지를 떠나서는 안 된다. 목회자의 역할은 첫째 하나

---

[32] *Second Book of Discipline*, 533-34.
[33] *Second Book of Discipline*, 535.
[34] *Second Book of Discipline*, 535: "이들은 때때로 목사라 불리는데, 회중들에게 꼴을 먹이기 때문이다. 또 때로는 감독이라 불리는데, 자신들에게 맡겨진 양떼를 돌보기 때문이다. 또 그들의 섬김과 사역 때문에 목회자라 불리기도 한다. 또 그들에게 주어진 가장 중요한 책무인 영적 통치를 실행해 나가면서 필히 갖춰야 할 진중함 때문에 장로라고 불리기도 한다."

님의 말씀을 선포하고, 둘째 말씀에 따라 성례를 거행하며, 셋째 자신이 돌보는 사람들을 위해 기도하며, 넷째 회중의 삶의 방식을 감독하고, 다섯째 교회에 부여된 열쇠의 권세에 따라 치리를 행하는 것이다.[35]

5항에서는 교사의 직무를 논하는데,[36] 교사는 주로 성경을 해석하는 책임을 맡고 있기는 하지만, 그들도 목사와 장로들과 함께 장로의 일원으로서 교회 법정에 앉는 것이 허락된다.[37] 교사의 직무는 "신자들에게 교훈을 주고 건전한 교리를 가르치는 것, 복음의 순수성이 무지와 악한 견해로 훼손되지 않도록 하는 것을 그 목적으로 한다."[38] 성경의 뜻을 풀어 전달해 준다는 점에서 목사의 역할과 유사한 측면이 있기는 하지만, 교사의 가르침은 말씀을 삶에 적용하는 설교와는 차이가 있다. 또한 성례의 거행이나 교회의 예식을 주관하지 못한다는 점도 목사의 역할과는 구별되는 점이다.[39] 교사는 오늘날의 직무로 보

---

35 *Second Book of Discipline*, 535-36.

36 *Second Book of Discipline*, 537: "교사는 선지자, 감독, 장로, 교리문답과 신앙의 기초를 가르치는 선생인 교리문답사로 불릴 수 있다."

37 *Second Book of Discipline*, 537: "장로로서의 교사는 교회를 다스리는 일에서 목사를 돕고, 모든 회의체에서 자신의 형제인 장로들과 협력해야 한다. (교회 일에서 유일한 판관인) 말씀에 대한 해석이 교사의 책무로 맡겨져 있기 때문이다."

38 *Second Book of Discipline*, 537.

자면 신학교 교수에 해당하는 직책이라고 할 수 있을 것이다.

6항은 장로의 직무를 밝히고 있는데 장로직도 목사직과 마찬가지로 영적인 직무이다. 장로의 직무는 "그들에게 맡겨진 양떼를 공적으로든 사적으로든 부지런히 살펴서 신앙과 행습에 어떠한 폐해도 생기지 않도록 하는 것이다."[40] 즉 "목사와 교사가 가르치는 일과 말씀의 씨를 뿌리는 일에 부지런해야 하는 것처럼, 장로는 사람들 가운데 말씀의 열매가 맺히도록 세심히 살펴야 한다."[41] 보다 구체적으로 장로는 성만찬에 합당한 사람들이 참여할 수 있도록 점검하고, 목사를 도와 병자들을 심방하고, 당회, 노회, 총회의 회의에 참석하며, 복음서의 규칙에 따라 회중을 훈계하며, 치리를 실행함으로써 선한 질서를 세워야 할 책임을 진다.[42]

8항과 9항에서 다루는 집사의 직무도 목사나 장로의 직무와 마찬가지로 영속적이고 영적인 것이다. "집사

---

[39] *Second Book of Discipline*, 537.
[40] *Second Book of Discipline*, 538.
[41] *Second Book of Discipline*, 538.
[42] *Second Book of Discipline*, 538.

는 성도들의 구제금과 교회의 재산을 모으고 분배하는 사람들"이다.[43] 목사, 장로, 교사가 교회의 다양한 회의체에 참석하여 치리와 관계된 법적인 책임을 진다면, 집사는 교회의 재산과 재정에 대한 책임을 진다. 『제2치리서』에서 집사가 치리와 관계된 회의체에 참석하지 못하도록 규정한 점은 『제1치리서』와의 차이점이기도 하다. 『제1치리서』는 집사가 교회의 치리를 관장하는 당회에 참석하는 것을 허용하였지만, 『제2치리서』는 집사를 치리와 사법적 역할에서 제외시킨다.[44] 특별히 주목할 만한 것은 『제2치리서』가 초대교회의 전통과 제네바교회의 원칙을 따라 교회재산 사용의 네 가지 용도를 명확하게 규정한 점이다. "첫 번째는 목사 혹은 감독의 생계와 접대를 위해, 두 번째는 장로와 집사와 모든 성직자들을 위해, 세 번째는 가난한 자, 병든 자, 이방인을 위해, 그리고 네 번째는 교회

---

[43] *Second Book of Discipline*, 543.
[44] James K. Cameron, *The First Book of Discipline*, 168: "만약 범죄가 공개적이고, 간음, 술주정, 싸움, 비속한 욕설이나 저주와 같이 가증스러운 범죄일 때는 범죄자를 목회자, 장로, 집사들 앞에 소환하고, 그의 죄와 위법행위를 분명히 드러내 밝혀서, 그 자신이 하나님을 얼마나 마음 아프게 했는지, 그리고 교회의 명예를 얼마나 훼손했는지 절감할 수 있도록 해야 한다." James Kirk, *The Second Book of Discipline*, 208쪽 144번 각주에서, 커크는 프랑스와 네덜란드에서는 적어도 1574년까지 집사도 교회법정에 참석하였고, 제네바의 개혁자 테오도르 베자도 1576년 스코틀랜드 교회법정에 집사가 참여하는 것을 승인했다고 주장한다.

의 유지와 다른 업무, 특히 특별한 경우를 대비해서이다."[45] 오늘날 교회의 헌금을 어떻게 사용해야 하는가에 대한 하나의 지침을 얻을 수 있을 것이다.

교회 회의체와 그 역할

스코틀랜드 장로교회의 가장 중요한 특징은 회의체를 통한 교회 정치제도라고 할 수 있다. 장로교회 정치체제에는 네 종류의 회의체가 있다. 개별교회의 치리회인 당회, 지역에 속한 교회들의 연합 회의체인 노회, 전국적인 차원의 회의체인 총회, 여러 국가들을 포괄하는 회의체인 국제총회가 그것들이다.[46] 이처럼 장로교회 정치체제는 당회, 노회, 총회, 국제총회로 확장되는 동심원적

---

[45] *Second Book of Discipline*, 544. 제네바교회의 헌금 사용 원칙에 대해서는 John Calvin, *Institutes of the Christian Religion (1559)*, ed. John T. McNeill, trans. Ford L. Battles (Philadelphia: The Westminster Press, 1960), IV권, 4장, 7절을 참고하라. 집사들은 교회의 헌금을 네 부분으로 나누어 사용했는데, 성직자들의 사례, 가난한 자들을 위한 구제, 교회 수리와 유지를 위한 비용, 가난한 외국인과 내국인을 위한 비용으로 구분되었다. 16세기 제네바의 구제와 복지에 관해서는 박경수, "16세기 종교개혁자들의 사회복지 사상: 루터와 칼뱅을 중심으로," 『교회의 신학자 칼뱅』(서울: 대한기독교서회, 2009), 263-310을 참고하라.

[46] *Second Book of Discipline*, 539. 『제2치리서』는 개교회기 회중이 적어 독자적으로 당회를 구성할 수 없을 때에는, 서너 개의 교회들이 연합당회를 구성할 수도 있다고 말한다. Second Book of Discipline, 540.

구조이며, 각 회의체는 독자적인 권한을 가지고 치리와 시찰을 행한다. "모든 회의체의 최종 목표는 먼저 신앙과 교리를 일체의 오류나 부패로부터 순수하게 지키는 것이고, 둘째로 교회 안에 품격과 질서를 유지하는 것이다."[47]

장로교회 정치체제에서 모든 회의체의 구성원은 목사, 교사, 장로로 이루어진다. 이들은 넓은 의미에서 모두 장로라 불릴 수 있는 사람들이다. 따라서 회의체는 장로회라 불린다. 앞에서 언급했듯이 『제1치리서』에서는 집사도 당회의 교회법정에 참석하여 회원으로서 역할을 하였지만, 『제2치리서』에서 집사는 어떤 회의체에서도 법적인 회원권을 갖지 못한다. 칼뱅의 제네바에서도 집사는 교회 회의체에서 회원권을 갖지 못했다. 따라서 스코틀랜드 장로교회 정치체제의 기원을 연구한 바 있는 맥그레거는 『제2치리서』에서 집사의 위상이 약화된 것이 제네바 교회헌법의 영향이라고 주장한다.[48]

『제2치리서』에서 개교회의 장로회인 당회의 임무는

---

[47] *Second Book of Discipline*, 539.
[48] Janet G. MacGregor, *The Scottish Presbyterian Polity*, 116, 123-24. 맥그레거에 따르면 당시 프랑스 개혁교회에서는 대회에 집사가 함께 참석하였고, 비록 교리적인 문제에서는 투표권을 행사할 수 없었지만 다른 문제들에 대해서는 투표권도 가지고 있었다. 하지만 스코틀랜드에서는 집사에게는 처음부터 회원권이 없었는데 이것은 제네바의 영향을 암시한다고 지적한다.

"관할 영역 안에서 하나님의 말씀이 순수하게 선포되고, 성례가 올바르게 거행되고, 치리가 바르게 행해지고, 교회의 재산이 어떠한 부정도 없이 분배되도록 유념하는 일이다."[49] 또 교회의 일꾼을 임명하고 책벌하며 해임하는 권한도 갖는다. 이를 통해서 교회 안에서 하나님의 말씀을 지키며, 품위 있는 질서를 세우게 된다.

노회는 지역의 목사, 교사, 장로들이 함께 지역의 공동 관심사를 논의하기 위해 모인 회의체이다.『제1치리서』와 비교할 때 『제2치리서』의 가장 중요한 특징은 시찰감독제의 폐지와 노회 역할의 강화이다.『제1치리서』에서 복음전파의 시급성과 목회자의 절대 부족이라는 환경에서 어쩔 수 없이 한시적으로 채택했던 시찰감독 직무가 『제2치리서』에서는 사라지고 그 역할을 지역 노회가 감당하도록 하였다. 개교회의 법정이 잘못 처리하거나 부당하게 판결했다고 생각하는 문제가 있다면 당사자는 노회의 법정에 항소할 수 있었다. 노회의 결정조차 받아들일 수 없다면 총회에 항고할 수 있었지만, 총회의 결정은 최종적인 것이었다.[50] 맥그레거는 이러한 항소 제도는 프랑

---

[49] *Second Book of Discipline*, 540.

스 개혁교회로부터 영향을 받은 것이라고 지적한 바 있다.[51] 노회 역할의 강화야말로 『제2치리서』 나아가 장로교주의의 가장 뚜렷한 특징이라고 할 수 있다.

총회는 한 국가 안의 모든 교회를 포괄하는 다시 말해 보편장로회라 불릴 수 있는 회의체이다. 총회는 노회와 당회가 어떤 일을 어떻게 진행해야 하는지에 관한 규칙을 정하며, 영적통치와 세속통치가 뒤섞여 교회에 해가 되지 않도록 국가와의 관계설정에 유념해야 하며, 전체 교회의 안녕과 재산을 지켜야 하는 책임을 진다.[52] 다른 회의체와 마찬가지로 총회의 회원권은 목사, 교사, 장로에게 한정되었다. 이전에는 귀족들이 총회에 참석하여 상당한 영향력을 행사하기도 하였지만, 『제2치리서』가 승인된 이후에는 귀족들의 역할은 어디까지나 제안, 청취, 논의에 그쳤다.[53] 이것은 영적 영역에서 교회의 지도자들이 교회 문제에 대한 최종적 권위를 지닌다는 것을 의미

---

50 Janet G. MacGregor, *The Scottish Presbyterian Polity*, 81.
51 Janet G. MacGregor, *The Scottish Presbyterian Polity*, 82. 맥그레거는 그때까지 프랑스 개혁교회만이 이러한 항소 제도를 두고 있었다고 밝힌다. 그러면서 스코틀랜드의 노회와 프랑스의 대회(French Colloquy)가 기능과 역할 측면에서 매우 비슷하다고 말한다.
52 *Second Book of Discipline*, 542.
53 Janet G. MacGregor, *The Scottish Presbyterian Polity*, 120.

한다.

맥그레거는 『제2치리서』에 영향을 미친 중요한 두 근원이 프랑스 교회헌법과 제네바 교회헌법이라 말한다. 프랑스 개혁교회의 영향으로는 장로직의 종신직 가능성,[54] 목회자를 임명하는 권한이 노회에 주어진 것 등을 언급할 수 있고, 제네바교회의 영향으로는 집사가 교회 법정의 회원이 되지 못한 것, 사역자들의 동등성 원칙, 회의체가 시찰자를 파송하는 권리를 갖는 점 등을 지적할 수 있다. 또한 교회 치리에 있어서 목사와 교사의 숫자가 장로보다 많은 점 등도 프랑스교회와 제네바교회의 영향으로 보인다.[55] 『제2치리서』에서 가장 분량이 많은 항이 회의체에 의한 교회정치 원리를 설명하는 7항이라는 사실은 장로교회 정치에서 이 원리가 갖는 중요성과 가치를 잘 보여준다.

---

[54] Janet G. MacGregor, *The Scottish Presbyterian Polity*, 122. 1559년 프랑스 교회헌법은 장로직이 비록 종신은 아니지만, 교회가 하락하는 한 그 직무를 떠나지 않고 계속할 수 있도록 규정하였다. 반면 제네바는 장로의 직무를 계속할 것인지 매년 새롭게 물어 선출되어야만 했다.

[55] Janet G. MacGregor, *The Scottish Presbyterian Polity*, 123. 1582년 총회는 교회 치리의 문제에 있어서 장로가 목사와 교사들의 합한 숫자보다 더 적어야 한다고 결의하였다. 1560년 프랑스 교회에서 교리의 문제에 있어서 집사와 장로의 숫자가 목회자들보다 적어야 한다고 결의한 것과 비슷한 측면이 있다. 『제2치리서』에 끼친 프랑스 교회와 제네바 교회의 영향을 요약적으로 살펴보려면 Janet G. MacGregor, *The Scottish Presbyterian Polity*, 129-30을 참고하라.

교회개혁의 과제와 목적

『제2치리서』는 마지막으로 11항에서 13항까지 당시 스코틀랜드교회에 잔존하는 옛 폐습이 무엇인지, 어떤 점들을 개혁해야 하는지, 교회개혁이 스코틀랜드 모든 이들에게 어떤 유익을 줄 것인지를 구체적으로 명시하면서 개혁의 필요성을 역설한다.

먼저 『제2치리서』는 당시 스코틀랜드교회의 심각한 폐해를 직시한다. 실제로 교회에서 목회를 통해 섬기지도 않으면서 자리만 차지하고 있는 이름뿐인 성직자들은 교회에 해가 될 뿐만 아니라 하나님의 나라를 조롱거리로 만드는 것이라며 강하게 비판한다. 나아가 한 사람이 스무 개 이상의 교회를 맡아 성직록만 챙기고 영혼들을 방치하도록 만드는 성직중임제나 궐석성직제는 반드시 철폐되어야 할 폐습이라고 지적한다.[56] 『제2치리서』는 11항에서 1572년 리스협약을 정면으로 반박하면서, 감독 혹은 주교가 특정한 회중을 돌보지도 않고, 다른 목회자들 위에 군림하고 있는 현실을 개탄하면서 당시의 허울뿐인

---

[56] *Second Book of Discipline*, 546-47.

허수아비 주교인 '툴칸 주교'를 비판하고 있다.[57] 더 나아가 1561년 이후 로마가톨릭 성직자에게 예전 수입의 3분의 2를 여전히 소유할 수 있도록 허용하고 있는 법을 폐지하고 그들에게 할당된 몫만 지급해야 한다고 주장한다.[58] 또한 목회자가 자신들의 책무를 소홀히 하면서 세속의 형사재판에 관여하거나 행정관의 영역에 영향력을 행사하려고 해서도 안 된다고 못 박는다. 동시에 행정관이 교회의 문제에 참견하고 지배력을 행사하려고 하는 것 또한 엄중하게 경계해야 함을 강조한다.[59] 이처럼 『제2치리서』는 당시 스코틀랜드교회의 모습을 적나라하게 드러내어 비판하고 있다.

이어서 12항에서 다음과 같은 개혁의 구체적 항목들을 열거한다.[60] 모든 교구에 한명 이상의 목사를 두어 백성들을 돌보아야 하며, 목사가 여러 교회를 맡아 자신의 책무에 소홀한 일이 있어서는 안 된다. 대학에 충분한 교사를 임명하여 하나님의 말씀과 신앙의 기초를 든든하게

---

[57] *Second Book of Discipline*, 547.
[58] *Second Book of Discipline*, 547, 549-50.
[59] *Second Book of Discipline*, 548-49.
[60] *Second Book of Discipline*, 550-53.

세워야 한다. 당회, 노회, 총회의 모든 회의체는 스스로의 권위를 가지고 사람들의 행습을 살피고 치리하는 역할을 감당해야 한다. 금권과 권력이 목회자의 선출에 영향을 미쳐서는 안 되며, 합법적 선출과정과 회중의 동의를 통해 일꾼이 세워져야만 한다. 교회의 모든 수입은 네 몫으로 나누어 목회자의 생계, 교회와 학교의 유지, 가난한 사람들에 대한 구제와 돌봄, 교회의 보수와 공공복리를 위해 사용해야만 한다. 교회의 재정은 회계보고를 통해 투명하게 집행되어야 한다.

마지막으로 13항에서 교회의 정치체제를 올바르게 수립하려는 목적은 "하나님께 영광을 돌리고, 예수 그리스도의 나라를 진전시키며, 그리스도의 신비한 몸에 속한 모든 사람들이 양심의 평안을 누리고 사는 것"[61]이라고 요약한다. 개혁교회가 언제나 강조해 온 하나님의 영광, 예수 그리스도의 나라, 양심의 자유와 평안, 즉 하나님, 공동체, 개인의 유익을 위해서라도 교회의 영적 통치 질서가 바로 서야 한다는 것이다. 교회 정치체제와 질서의 개혁은 무엇보다 하나님께 영광이 될 것이고, 교회를

---

[61] *Second Book of Discipline*, 554.

든든히 세울 것이며, 모든 이들에게 기쁨이 될 것이라고 확신하고 있다. 『제2치리서』는 경건하고 선한 질서를 바로 세움으로써 스코틀랜드교회가 온 세상의 본보기가 될 것을 희망한다.[62]

IV. 한국장로교회 직제와 정체 개혁을 위한 제언

한국장로교회의 직제職制는 목사, 장로, 집사, 권사로 구성된다. 이것은 개個교회 혹은 지支교회라 불리는 개별교회를 구성하는 직제이다. 그리고 개교회의 목사와 장로가 모여 당회를 이루고, 개교회 당회의 대표들이 모여 노회, 대회, 총회를 구성하는 정체政體를 만든다. 이러한 직제와 정치체제는 16세기 프로테스탄트 종교개혁, 그 중에서도 개혁파 운동이 시작될 때부터 확립된 전통이다. 정치적으로 볼 때 장로교회의 이러한 집단지도체제

---

[62] *Second Book of Discipline*, 554.

는 감독 한 사람에게 권한이 집중되는 감독제도나 모든 회중에게 권한이 분산되는 회중제도와 구별된다.

16세기 스코틀랜드 장로교회의 직제와 정체를 담고 있는 『제2치리서』를 연구하면서 자연스레 한국장로교회의 현실을 생각하게 되었다. 현재 한국의 장로교회도 다양한 교단으로 나뉘어져 있기 때문에 조금씩 차이가 있을 수밖에 없고, 따라서 필자가 몸담고 있는 대한예수교장로회 통합를 염두에 두면서 직제와 정치체제의 개혁 방향을 몇 가지 제안하고자 한다.

첫째, 직제와 정치체제는 복음의 본질이라기보다 '아디아포라' adiaphora 즉 비본질적인 영역에 속한다. 다시 말해 어떤 직제와 정체를 가질 것인가 하는 것은 각 지역의 문화와 전통을 충분히 고려하여 선택할 수 있는 자유를 지닌다는 뜻이다. 교회사에서는 '본질적인 것에는 일치를, 비본질적인 것에는 자유를, 모든 일에는 사랑을'이라는 표어를 소중하게 간직해왔다. 우리는 복음의 본질이 아닌 제도의 문제에서는 자유를 누릴 수 있어야 한다. 장로교회의 토대를 놓은 칼뱅조차도 잉글랜드와 폴란드의 지도자들에게 편지하면서 그 나라에서 감독제를 선호한다면 굳이 장로제를 고집할 필요가 없다는 유연성을 보였다. 따라서 직제와 정체의 문제 때문에 사생결단하려는 식의 태도는 바람직하지 못하다.

둘째, 직제와 정치체제는 주님의 몸인 교회를 바르게 세우기 위한 것이다. 목사든 장로든 집사든 권사든 그 직분의 목적은 교회의 덕과 유익을 위한 것이지, 그 직분 자체가 목적이 아니며 더욱이 계급이나 서열이 아니다. 프로테스탄트 종교개혁의 가장 중요한 가치 중 하나인 만인제사장설에 비추어 보더라도 직분은 하나님의 자녀들의 각기 다른 기능이지 신분이 아니다. 최근 대한예수교장로회통합에서 논란이 된 목사 임직식에서 장로의 역할 문제와 관련해서도 그것이 주님의 몸인 교회에 얼마나 덕이 되는가 하는 것이 초점이 되어야 한다. 목사들에게 묻는다. 장로가 목회자 후보생에게 안수를 하는 것이 무슨 그리 큰 문제라도 되는가? 장로들에게 묻는다. 자신들에게 부여된 책임의 무거움을 알고 있는가, 목회자 후보생에게 안수를 하는 것이 무슨 특권이라고 생각하는가? 16세기 제네바의 개혁자 칼뱅은 목사 임직식에서 안수 의식이 중세 로마교회의 미신적 예식으로 변질되었으니 안수를 하지 말고 기도하는 것으로 족하다고 주장했다.[63] 스코틀랜드『제1치리서』도 목사 임직에서 안수가 필수요건이라고 말하지 않았다.[64] 임직에서 안수 행위 자체가 '아디아포라'라는 것이다. 본질은 내가 맡은 직분으로 교회의 덕을 세우고 있는가이다.

셋째, 한국장로교회는 노회의 역할과 중요성을 복원해야 한다. 장로교회와 회중교회를 가르는 가장 중요한 지점이 바로 상위 회의체의 권한을 얼마나 실제적으로 인정하는가이다. 회중교회는 '자발성에 기초한 자치 조직'이기에, 노회와 총회 같은 상위 공의회들은 협력관계일 뿐이며, 실제로는 개교회가 모든 것을 최종적으로 결정하는 주체이다. 반면 장로교회는 개교회의 당회, 노회, 대회, 총회의 정치 형태를 채택하고 있으며, 그 중에서도 노회가 중심적 역할을 담당한다. 오늘 한국장로교회에서 개교회주의의 병폐가 심각하게 나타나고 있는데, 이는 모두 노회가 본래의 역할을 다하지 못하기 때문이다. 목회자의 개인주의를 극복하고 공동체성을 회복하기 위해서도 노회가 제 몫을 감당해야 한다. 16세기 제네바교회

---

63 John Calvin, "Draft Ecclesiastical Ordinances (1541)," *Calvin Theological Treatises*, trans. J. K. S. Reid (London: SCM Press, 1954), 59.

64 James K. Cameron, *The First Book of Discipline*, 102: "비록 사도들이 안수를 행했지만, 이제 기적은 그쳤기 때문에 우리는 안수 예식이 꼭 필요하다고 생각하지 않는다."

와 스코틀랜드교회와 미국장로교회의 목사회, 성경연구 모임 등은 개별성과 공동체성의 조화를 이룬 예로써 21세기 한국장로교회에도 반드시 필요한 제도이다.

넷째, 총회의 총대 수를 과감히 줄이고, 총대 구성에서 '다양성'과 '포용성'의 가치를 반영해야 한다. 먼저 대한예수교장로회통합의 총대 숫자는 1,500명으로 그 인원이 너무 많다. 그것 때문에 발생하는 의사결정의 비효율성은 말할 것도 없고 총회 장소를 구하는 것조차 힘들고 제한적이다. 대한민국 국민들을 대표하는 국회의원의 수도 300명이다. 이것도 많다고 수를 줄여야 한다는 비판이 거세다. 미국장로교회PCUSA의 총대도 600명 정도이다. 그런데 우리는 무슨 이유로 총대가 이렇게 많아야 하는가? 각 노회마다 봄 노회 때면 총회에 파송할 총대 선거하는 것이 가장 중요한 이슈가 되는 것이 얼마나 볼썽사나운가! 그나마 2018년 103회기 총회에서 2020년부터 총대를 1,000명으로 감축하기로 결의하여 다행이라 여겼지만, 2019년 104회기 총회에서 곧바로 취소 결의를 하였다. 참으로 손바닥 뒤집듯 쉽게도 총회 결의가 뒤바뀌는 것을 보면서 과연 총대들이 자신들의 기득권을 내려놓을 의지가 조금이라도 있는지 의심할 수밖에 없다.

다음으로 총대의 구성이 너무 치우쳐 있다. 2017년 대한예수교장로회통합 총회 총대 1,500명 가운데 여성은 고작 17명으로 1.1%에 불과하다. 이것은 양성평등을 추구하는 세계교회의 동향이나 일반 사회의 현실에 비추어 볼 때, 대단히 후진적일 뿐 아니라 교회의 성숙에도 저해 요인이 되고 있다. 그나마 다행인 것은 2017년 총회에서 앞으로 68개 노회에서 총대 가운데 여성을 적어도 1명씩 포함시킬 것을 결의한 것은 놀라운 진전이라 할 것이다. 그러나 결의와는 달리 2018년 여성 총대는 고작 30명으로 2%에 불과했다. 결의한 대로라면 적어도 68명이 되어야 하지만 절반에도 미치지 못한 것이다. 또한 2019년 104회기 총회에 참석한 여성 총대는 26명으로 오히려 직전 회기보다 감소했다는 사실이 교단 내 양성평등의 현주소를 그대로 보여준다. 더욱이 청년, 장애인, 소수자를 대표하는 총대는 아예 찾아볼 수 없다. 2019년 104회기 총회에서 앞으로 총대의 5-10%를 청년, 부목사, 기관목사 등 소외된 젊은 층이 참석할 수 있도록 배려하겠다는 결정을 했지만, 그마저도 기존의 총대 수를 줄여서가 아니라 현재 1,500명의 총대들 외에 별도로 그들을 참석하도록 하겠다고 하니 기가 막힐 노릇이다. 교회가 장년 남성들의 전유물이 아니라면 당연히 다양성과 포용성의 원칙에 따라 이를 개선해야 한다. 올해 총대의 평균 나이가 62.5세였으니, 그 회의에서 젊은 세대와 다음 세대의 필요와 요구를 과연 얼마나 담아낼 수 있었겠는가? 앞으로 총대의 풍부한 다양성 확보를 위한 제도적 개선책을 마련해야 한다. 또한 이 변화는 당회와 노회의 인적구성에서부터 시작되어야 한다.

다섯째, 신학교에서 목회자 후보생을 가르치고 양육하는 교수로서의 바람이 있다. 학교를 졸업한 학생들에게 추천서를 써주면서 듣게 되는 애환이 있다. 한국교회에 바라기는 부디 사역자를 고용雇用하지 말고 청빙請聘해 주기를 바란다. 품삯을 주고 부리는 사람이라고 생각하면 '고'만큼만 은혜를 받게 될 것이다. 사역자가 자부심을 가지고 자신의 소명을 다할 수 있도록 청빙과정에서부터 애써주기를 당부한다. 또 여성사역자에게도 사역의 기회를 제공해 줄 것을 요청한다. 대한예수교장로회통합는 여성안수를 허용한지 25년이 지났다. 현재 여성 목사는 전체 목회자 중 8.5% 정도이며, 신학교에서 목회자 교육을 받고 있는 여학생은 전체 학생의 25%에 이른다. 이들이 졸업하면 과연 사역지를 구할 수 있을지 항상 걱정이다.

교회는 필요하다면 당분간 여성사역자를 할당제로 받아들일 수 있도록 제도적 장치를 마련하고, 사역의 배정에 있어서도 차별하지 말고 기회를 제공해주기를 바란다.

V. 결론

『제2치리서』를 자세히 해설한 커크는 편집자의 서문 첫 문장에서『제2치리서』를 "스코틀랜드 장로교주의에 대한 최초의 명백한 선언"이라고 규정한다.[65] 이것은『제1치리서』가 로마가톨릭에서 장로교회로 돌아서는 길목에서 상황적 제약 때문에 장로교주의를 온전히 표현해 내지 못한 부분이 있었다면, 상대적으로『제2치리서』는 장로교회의 정치 원리를 가감 없이 담아냈음을 의미한다. 존 녹스의 이상이 앤드류 멜빌을 위시한 후배들에 의해 보다 분명하게 열매를 맺게 된 것이다. 1560년『제1치리서』가 나

---

[65] James Kirk, *The Second Book of Discipline*, vii.

온 이후 정치적, 종교적 변화, 특히 1572년 리스협약을 통해 주교제가 다시 도입되려는 상황에서 장로교회의 정체성을 담은 헌법의 필요성이 강하게 제기되었고, 때마침 1574년 제네바아카데미의 교수로 있다가 스코틀랜드로 돌아온 멜빌의 지도력이 더해지면서 1578년『제2치리서』가 빛을 보게 되었다.『제2치리서』는 많은 사람들이 참여한 여러 위원회에서 수많은 회의, 검토, 개정을 거쳐 열매를 맺은 16세기 스코틀랜드교회 공동의 유산이라는 점에서 특별한 의미를 지닌다.『제2치리서』는 450여 년이 지난 지금도 여전히 우리 시대 교회개혁의 주제와 관련해서도 적합성을 가지고 있다. 이처럼 장로교회에서 중요한 일차 자료임에도 불구하고 한국장로교회에서 제대로 깊이 있게 조명된 바가 없다는 사실이 놀라울 지경이다.

『제2치리서』는 교회정치와 세속정치의 권한과 책임을 분명하게 구별한다. 교회와 국가는 서로를 침해하지 말아야 하고, 서로 다른 영역에서 각자의 주권을 가지지만, 동시에 하나님의 나라라는 동일한 목적을 위해 헌신해야 하는 상생의 관계이다. 또한『제2치리서』는 교회의 직제인 목사, 교사, 장로, 집사가 어떤 사람이며, 어떤 일을 해야 하는지에 대한 분명한 경계설정을 통해 그리스도의 몸인 교회를 섬기며 세우는 책무를 감당하도록 이끈다. 특히 장로교회의 중요한 원리인 회의체를 통한 공동의 정치체제의 원리와 실제를 제시하고 있다. 그리고 스코틀랜드교회의 개혁과제를 조목조목 제시함으로써 교회가 나가야 할 미래의 방향설정을 하고 있다.

교회사에서는 직제와 정체가 꼭 필요한지에 대한 논쟁이 수차례 반복적으로 나타났다. 일부 사람들은 교회의 조직과 제도가 오히려 교회 내에서 성령의 자유로운 역사를 제한하고 심지어 훼손시키기까지 한다고 주장하면서, 교회에서는 직제보다 성령의 자유로운 운행이 더 중요하다고 보았다. 초대교회 몬타누스주의자들이 그러했고, 근대 초기 소위 '퀘이커'라 불리는 친우회의 입장이 그랬으며, 성령의 역할을 강조하는 신앙공동체들이 대체로 그런 입장을 취하였다. 그러나 조직과 제도가 없거나 약한 공동체는 통일성과 영속성이 떨어지고, 다양성이 자칫하면 무질서에 빠지게 된다는 사실을 우리는 교회 역사를 통해 배웠다. 어떻게 보면 조직과 제도는 필요악과 같은 불가피한 것일 수 있다. 문제는 그 직제와 정체가 사람과 공동체를 살리는 역할을 하는지, 아니면 '조직의

쓴맛'만을 강요하는 거침돌인지 하는 점이다. 직제와 정체가 불가피하게 요구된다면 그것이 보다 선한 영향력을 끼치도록, 복음과 은혜의 통로가 되도록 만드는 노력이 중요하다.

한국교회 안에는 개혁을 요구하는 목소리가 넘친다. 필자는 개혁이 그저 구호로만 머물지 않고 구체적인 정책이나 제도로 정착되기를 바라는 마음으로 한국장로교회의 직제와 정체의 개혁에 관한 실천적인 제안들을 제시하였다. 한국교회의 직제와 정체가 과연 사람을 살리고, 교회를 유익하게 하고, 세상을 아름답게 만드는 도구가 될 것인지, 아니면 복음의 확장과 경건의 진보를 가로막는 훼방꾼이 될 것인지는 전적으로 우리에게 달려있다. 한국교회의 직제와 정치체제가 복음과 생명의 가치를 담는 소박하지만 보배로운 질그릇이 되기를 소망해 본다.

참고문헌

Burleigh, J. H. S. *A Church History of Scotland*. London: Oxford University Press, 1960.

Calderwood, David. *History of the Kirk of Scotland*. Volume III. Edited by Thomas Thompson. Edinburgh: Wodrow Society, 1843.

Calvin, John. "Draft Ecclesiastical Ordinances (1541)." *Calvin Theological Treatises*. trans. J. K. S. Reid. London: SCM Press, 1954.

_____. *Institutes of the Christian Religion (1559)*. Edited by John T. McNeill. Translated by Ford L. Battles. Philadelphia: The Westminster Press, 1960.

Cameron, James K. *The First Book of Discipline*. Edinburgh: The Saint Andrew Press, 1972.

Donaldson, Gordon. *The Scottish Reformation*. Cambridge: Cambridge University Press, 1960.

Kirk, James. *Patterns of Reform: Continuity and Change in the Reformation Kirk*. London: T&T Clark, 1989.

_____. *The Second Book of Discipline*. Edinburgh: Covenanters Press, 1980.

MacGregor, Janet G. *The Scottish Presbyterian Polity: A Study of its Origins in the Sixteenth Century*. Edinburgh: Oliver and Boyd, 1926.

Mason, Roger A. and Steven J. Reid. *Andrew Melville (1545-1622): Writings, Reception, and Reputation*. Surrey: Ashgate Publishing Limited, 2014.

Mitchell, Alexander. *The Scottish Reformation*. Edinburgh: William Blackwood and Sons, 1900.

Reid, W. Stanford. "The Book of Discipline: Church and State in the Scottish Reformation." *Westminster Theological Journal* 35 (1972/1973), 35-44.

Row, John. *The True History of the Kirk of Scotland from 1558 to 1637*. Edinburgh: Wodrow Society, 1842.

van Wyk, Jurgens Johannes. *The Historical Development of the Offices according to the Presbyterian Tradition of Scotland*. Kachere Theses no. 7. Zomba: Kachere Series, 2004.

김중락. 『스코틀랜드 종교개혁사』. 서울: 흑곰북스, 2017.

박경수. "16세기 제네바 교회의 목회자 선발과 훈련에 관한 연구."『한국교회를 위한 칼뱅의 유산』. 서울: 대한기독교서회, 2014.

_____. "16세기 종교개혁자들의 사회복지 사상: 루터와 칼뱅을 중심으로."『교회의 신학자 칼뱅』. 서울: 대한기독교서회, 2009.

_____. "스코틀랜드『제1치리서』에 나타난 장로교회 정치체제의 근간."「신학논단」 97 (2019), 41-70.

_____. "존 녹스: 하나님의 나팔수."『개혁교회, 그 현장을 가다』. 서울: 대한기독교서회, 2018.

이승구. "스코틀랜드 교회『제2치리서』(1578)에 나타난 장로교회의 모습."「신학정론」 31/2 (2013), 188-224.

제2부 본문

제1장
『제1치리서』(1560)

제2장
『제2치리서』(1578)

제 1 장

『제1치리서』(1560)

제1항 교리에 관하여

제2항 성례에 관하여

제3항 우상숭배 폐지에 관하여

제4항 목회자와 그들의 합법적 선출에 관하여

제5항 목회자 사례와 교회의 재산 분배에 관하여(대학과 학교를 논함)

제6항 교회의 지대 地代 와 재산에 관하여

제7항 교회 치리에 관하여

제8항 장로와 집사의 선출에 관하여

제9항 교회 정책에 관하여(결혼, 장례 등의 문제를 논함)

결론

비공개회의의 결정, 1560년 1월 27일

하나님의 섭리에 따라 그리고 다양한 신분 계층의 합의에 의해 통치권을 부여받은 스코틀랜드 의회에 여러분의 신하이자 예수 그리스도의 목회자인 우리는 우리 주 예수 그리스도의 아버지 하나님으로부터의 은총과 자비와 평화가, 그리고 날로 더하시는 성령의 교통하심이 항상 함께 하시기를 원합니다.

우리는 의회가 1560년 4월 29일 에든버러에서 보낸 요청서를 받았습니다. 지금까지 (다른 나라와 마찬가지로) 이 나라에서 전적으로 부패되어 온 교회의 개혁에 대한 우리의 의견을 문서로 작성하여 답하라고 영원하신 하나님의 이름으로 명하는 요청서였습니다. 이것을 받고 이 도시에 있는 우리는 함께 모여, 이 나라 안에서 유지해야 할 공공의 질서와 통일성을 위해 아래의 조항들을 한뜻으로 제출하였습니다. 교리, 성례의 시행, [목회자의 선출과 그들의 생계지원,] 교회치리, 교회의 정책에 관한 조항들입니다. 예수 그리스도와 함께하고자 하는 여러분의 간절한 기대대로, 하나님의 분명한 말씀으로 보증되지 않는 어떤 것도 용인하지 않기를, 공평, 정의, 하나님의 말씀이 지시하는 어떠한 법도 거부하지 않기를 간절히 구합니다. 하나님의 분명한 말씀으로 증명할 수 있는 것을 넘어 우리가 제시하는 의견에는 여러분이 매이지 않기를 바랍니다. 여러분이 하나님 앞에서 _{그분 앞에 나가 여러분이나 우리나 모든 행위를 낱낱이 드러내어야 합니다} 응답하기를, 그리고 하나님의 기록된 그리고 계시된 말씀에 따라 여러분이 개선할 수 없다고 해서 어떤 것도 인간적인 생각으로 거부하지 않기를 간절히 바랍니다.

제1항 교리에 관하여

예수 그리스도를 하나님 아버지께서 그의 양들이 듣고 따라야 할 유일한 분으로 명하셨으므로, 우리는 그분의 복음이 이 나라의 모든 교회와 집회에서 올바르게 또 공개적으로 선포되어야 하고, 이 복음에 반대되는 모든 교리는 인간의 구원에 해악을 끼치는 것이므로 철저히 금지되어야 한다고 강력히 주장한다.

제1항에 대한 해설

이러한 우리의 원칙에 대해 경건치 못한 자들이 트집을 잡는 일이 없도록, 우리는 이 해설을 덧붙인다. 복음 선포라 할 때 우리는 신약성경만이 아니라 구약성경, 즉 율법서, 선지서, 역사서도 포함하는데, 그것은 예수 그리스도가 지금 우리에게 분명하게 나타나 있는 것 못지않게 구약성경 안에서 모형으로 담겨 있기 때문이다. 따라서 우리는 사도들과 더불어 "모든 성경은 하나님의 감동으로 된 것으로 교훈과 책망과 바르게 함과 의로 교육하기에 유익"딤후 3:16함을 확신한다. 그리고 우리는 이 신구약성경에 교회를 훈육하고 하나님의 사람을 완전하게 하는 데 필요한 모든 내용이 들어 있고 충분히 표현되어 있다고 믿는다.

이에 반反하는 교리란 하나님이 말씀으로 명백하게 명한 바 없는 것들을 사람들이 법이나 회의나 규정으로써 사람의 양심에 부과시킨 것들을 말한다. 예를 들어 독신서약, 혼인맹세, 남자와 여자를 몇몇 가식적인 의복들에 얽매는 일, 금식일의 미신적 준수, 양심을 이유로 (특정한 날에는) 고기를 금하는 것, 죽은 자들을 위한 기도와 같은 것들이 이에 해당한다. 그리고 특정 성인들을 위해 인간이 지정한 거룩한 날들을 지키는 것 또한 이에 속하는데, 교황주의자들이 창안해 낸 절기들, 즉 (그들이 이름 지은) 사도들의 축일, 순교자들의 축일, 성녀들의 축일, 성탄절, 예수님의 할례를 기념하는 절기, 주현절, 정결예식, 그리고 마리아와 관련된 여러 절기들이 있다. 이런 것들은 하나님의 성경에서 명령되거나 확증된 바가 없기 때문에 우리는 이것들을 이 나라에서 완전히 폐기하는 바이다. 더 나아가 우리는 이런 혐오스러운 것들을 끈질기게 고집하고 가르치는 자들은 시행정장관의 처벌을 피할 수 없어야 한다고 단언한다.

제2항 성례에 관하여

먼저 예수 그리스도의 거룩한 복음이 올바르게 선포되고, 그 기반 위에 주 예수의 성례가 말씀 안에 포함된 영적인 약속들의 가시적인 확증이자 보증으로 수반되고 참되게 거행되어야 한다. 그 성례란 세례와 성만찬이다. 성례가 바르게 거행되기 위해서는 먼저 사람들이 이 성례들에 참예하기 전에 적법한 목회자에게서 분명하게 가르침을 받고 그리스도 예수 안에서 회심한 자들에게 주시는 하나님의 은혜와 자비를 마음에 새겨야 한다. 그리고 성례를 거행함에 있어서는 사람들이 이해할 수 있는 말로 하나님의 약속이 제시되고 성례의 목적과 유익이 선포되어야 한다. 그리고 이 두 성례 외에 다른 어떤 것을 덧붙이거나 두 성례 중 어떤 것이라도 약화시켜서는 안 되며, 성례를 실행함에 있어서도 주 예수께서 제정하시고 사도들이 행하신 대로 행하고 어떤 것도 바꾸어서는 안 된다.

그리고 지금 일부 교회들에서 사용되고 있는 『제네바예식서』[1]가 열심 있는 독자들에게 어떻게 해야 이 성례들을 올바르게 거행할 수 있는지 가르치기에 충분하다.

그렇지만 교회의 일치를 지키기 위해 우리는 다음 내용을 보완적으로 덧붙이는 것이 좋다고 생각하였다.

세례에서 우리는 (앞에서 언급한 대로 말씀과 약속의 선포가 선행되고) 오로지 물 이외에 다른 어떤 것도 사용되어서는 안 된다는 점을 밝힌다. 그러므로 세례에서 기름, 소금, 밀랍, 침, 주문, 십자가 성호를 사용할 수 있다고 말하는 사람은 누구든지 예수 그리스도의 완전한 제정을 불완전한 것이라고 비난하는 것이다. 그런 자들은 인간에 의해 고안된 이런 모든 것들을 결여하고 있기에 불완전하다고 말하는 것이다. 여러분은 이처럼 그리스도의 완전한 법을 변개하려 드는 자들을 엄격히 벌해야 한다.

성만찬은 그리스도께서 친히 보여주신 모범에 가장 근접하게 행해질 때 가장 올바로 거행되는 것이다. 분명한 것은 그 성만찬에서 그리스도께서 자신의 제자들과 함께 앉으셨다는 것이고 따라서 우리도 식탁에 앉는 것이 그 거룩한 행위에 가장 적합한 것이다. 빵과 포도주가 거기 있어야 하고, 감사를 드려야 하고, 그 빵과 포도주가

---

1 존 녹스가 목회했던 제네바의 영어권 교회가 사용한 예배 예식서를 일컫는다. 스코틀랜드 교회는 이 예식서를 약간 수정하여 채택하였다.

분배되어야 하고, 빵과 포도주의 의미를 선포하면서, 빵을 받아서 먹고 마찬가지로 포도주도 받아 마시라고 명해야 한다. 우리는 경건한 사람이라면 누구라도 이것을 부인하지 않으리라고 생각한다. 평범한 사람들에게서 성만찬의 한 부분, 즉 주님의 피를 상징하는 포도주를 빼앗는 교황주의자들의 가증한 오류를 접하면서, 우리는 그들의 오류가 너무나 명백해서 어떤 논박도 필요하지 않다고 생각한다. 우리는 우리의 이 단순명료한 신앙고백에 불필요한 어떤 논박도 덧붙일 생각이 없으며, 우리가 확증한 것에 대해 반박하는 모든 주장을 공개적인 논쟁에 부칠 생각도 없다.

목회자가 빵을 떼어 옆에 있는 사람들에게 분배하고 남은 빵은 위엄을 갖춘 사람들로 하여금 다른 사람들과 떼어 나누도록 명하는 것이야말로 그리스도의 모범에, 그리고 사도 바울의 글에서 우리가 읽는 [사도들의] 온전한 실행에 가장 가까운 것이라고 생각한다. 이것을 행하는 동안 우리는 위안을 주는 성경구절들을 낭독할 필요가 있으며, 이것이 사람들에게 예수 그리스도의 죽음과 그 죽음이 우리에게 가져다주는 유익을 생각나게 해줄 수 있다고 생각한다. 이때 우리는 중점적으로 주님의 죽음을 기억해야 하는데, 우리는 그 사건을 언급하는 성경구절이 우리의 둔감한 마음을 휘저어 깨우기에 가장 적합하고, 그것은 비단 이때뿐 아니라 항상 그렇다고 생각한다. 목회자가 재량껏 성경의 어떤 본문을 읽는 것이 좋을지 정하게 하라. 이런 두 가지 성례들을 언제 거행하는 것이 가장 적합하다고 우리가 생각하는지는 교회의 정치체제에 관한 부분에서 밝힐 것이다.

제3항 우상숭배 폐지에 관하여

예수 그리스도가 참되게 선포되고 그분의 성례가 올바르게 거행되어야 한다고 주장하는 것과 마찬가지로 우리는 우상숭배가 그 기념물들과 순례지들, 즉 대수도원, 수도원, 수사단체, 수녀원, 예배당, 부속예배당, 대성당, 수도 참사회, 대학_{현재 교구교회나 학교로 사용되는 것 이외의}과 더불어 이 나라의 모든 영역과 모든 장소_{왕궁, 대저택, 그리고 거기에 부속된 거주지와 과수원과 뜰을 제외하고}에서 완전히 금지되어야 한다고 밝힌다. 또한 우상숭배는 이 나라에서 지위고하를 막론하고 모든 사람들 눈앞에서 제거되어야 한다.

우상숭배가 (금지될 수 있는데도) 유지되고 허용되는 곳에는 단지 눈멀고 완고한 우상숭배자들뿐만 아니라 [우상숭배에 대해] 부주의한 피해자들에게까지 하나님의 진노가 임할 것이라는 사실을 여러분이 분명히 인식해야 한다. 특별히 하나님께서 그런 혐오스러운 것들을 억제할 권한을 여러분에게 주셨을 때는 더욱 그렇다.

우상숭배라는 말로 우리는 미사, 성인들을 향한 중보기도, 그리고 성상을 숭배하고 그것들을 지니고 간직하는 것을 지칭하며, 결국 하나님의 거룩한 말씀에 기록되어 있지 않은 방식으로 하나님을 숭배하는 모든 행위를 가리킨다.

제4항 목회자와 그들의 합법적 선출에 관하여

　　개혁된 혹은 개혁적인 교회에서는 누구든 설교하거나 성례를 집행할 자격을 적법하게 갖추기 전에는 감히 그 일을 해서는 안 된다. 일반적인 소명에는 선출과 검증, 그리고 승인이 있다. 그리고 이 가증스러운 가톨릭교회에서 목회자의 선출이 완전히 그릇되게 행해지고 있기 때문에 우리는 이 문제에 좀 더 집중적으로 매달리는 것이 마땅하다고 생각한다.

　　목회자를 선출하는 것은 사람들, 그리고 모든 개개의 회중에게 속한 일이다. 40일이라는 기간 동안 그들이 이 일에 태만한 경우에는 가장 개혁된 교회 즉 시찰감독과 위원회를 갖춘 교회가 후보자의 교리와 지식뿐만 아니라 삶까지도 잘 점검하여 예수 그리스도의 양떼를 잘 먹일 수 있으리라 판단되는 사람을 택해 그들에게 제안할 수 있다.

　　그리고 이 일은 보다 꼼꼼하고 성실하게 이루어져야 하는데, 검증을 받는 사람들은 인접한 중요 도시에 체류하고 있는 심사관들 앞에 나아가야 한다. 파이프Fife, 앵

거스Angus, 먼스Mearns, 스트라선Strathearn에 사는 사람들은 세인트앤드루스로, 로디언Lothian, 머스Merse, 테비어데일Teviotdale에 사는 사람들은 에든버러로, 그리고 다른 지역에 사는 사람들도 마찬가지로 종교개혁이 가장 잘 진전된 도시, 즉 시찰감독이 있는 도시로 가야 한다. 거기서 먼저 학교에서, 그리고 학교가 없으면 공개적인 모임에서, 그리고 회중 앞에서 목사회가 지정한 성경의 한 부분을 해석함으로써 자신들의 재능, 언변, 그리고 지식을 보여주어야 한다. 그런 다음에 이들은 교회의 책임자들 앞에서, 공개적으로, 듣고 싶어 하는 모든 사람들 앞에서 교황주의자, 재세례파, 아리우스주의자, 그리고 그리스도교 신앙에 대한 다른 적대자들과 우리 사이에 놓여 있는 모든 중요한 논쟁점들에 관해 목회자들과 교회 장로들의 검증을 받아야 한다. 이 과정에서 후보자가 건전해 보이고, 자신이 건강한 교리를 지니고 있다고 납득시킬 수 있고, 반대자들을 논박할 수 있다면 그는 자신이 섬겨야 할 교회와 회중에게로 인도될 것이며, 자신의 양인 청중들 앞에서 다양한 공개설교를 통해 칭의, 그리스도의 직무, 성례의 수·효과·사용이라는 주제에 관해, 그리고 마지막으로 교황주의자들에 의해 지금까지 더럽혀져 온 온전한 신앙에 관해 자신이 믿고 있는 바를 표명할 수 있게 될 것이다.

후보자의 교리가 건전하고 일반 성도들을 가르칠 능력이 있으며, 그의 삶, 교리, 언변에서 어떤 비난거리도 찾을 수 없는데도, 상위 교회가 제시한 이 후보자를 목회자가 없는 개(個)교회가 거부한다면 우리는 이 교회가 불합리하다고 판단할 것이다. 그리고 교회와 위원회는 견책을 통해 이 개교회가 경건하고 학식 있는 사람들의 판단에 따라 임명되고 승인된 사람을 받아들이도록 강제해야 한다. 앞에서 언급한 검증 절차가 전체 교회 회의가 제시한 후보들을 대상으로 진행되기 전에 이 개교회가 더 나은 사람 혹은 검증을 통과할 만한 사람을 제시하지 않았다면 말이다. 예를 들어 교회의 위원회는 개교회가 다른 선택지를 지니고 있는지 알지 못한 채 개교회에 특정인을 목회자로 제시하는 절차를 밟는데, 그 와중에 개교회도 그 직무에 적합하다고 판단되는 다른 사람을 제시받아, 검증을 위해 그를 학식 있는 목회자들과 인근의 개혁된 교회로 보내는 일이 있을 수 있다. 이런 경우 개교회의 회중이 목사로 임명되어야 할 사람으로 제시한 인물이 위원회나 상위 교회가 제시한 인물보다 우선되어야 한다.

하위 교회가 제시한 인물에 대해 학식 있는 사람들이 교회를 다스릴 능력이 없다는 판단을 내리지 않는다면 말이다. 특정인을 개교회에 강압적으로 강요하거나 밀어 넣는 일은 결코 있어서는 안 된다. 자신들의 목회자를 투표로 선출할 수 있는 신중을 기한 자유가 모든 개교회에 보장되어야 한다. 교회 위원회가 하나님을 두려워하는 마음으로 사람들의 구원을 위해 개교회에 성도들을 가르치기에 적합한 사람을 제시하고, 앞에서 언급한 정당한 검증 절차가 이루어지기 전에 그를 받아들이도록 강제하지 않는 한, 우리는 강압적인 개입이 있었다고 말하지 않을 것이다.

교회의 목회자로 받아들일 수 없게 만드는 요소들

공공연한 악행으로 알려진 자, 건전한 교리로 교회를 훈육할 수 없는 자, 그리고 불순한 견해를 지녔다고 알려진 사람은 누구도 교회의 지도자로 채택될 수 없고 교회행정에도 받아들여질 수 없다.

설명

누구라도 무지한 가운데 연약함으로 범한 적이 있는 일반적인 죄나 위법행위가 아니라 이에 대해 그가 보다 진지한 대화를 통해 참으로 회개하고 있다고 밝힐 경우, 공권력이 하나님의 말씀에 따라 사형으로 벌해야 하고 벌할 수 있는 중대한 범죄를 우리는 공공연한 악행이라고 말한다. 게다가 사도께서 목회자의 삶이 비난을 받을 만한 것이 없어야 하고 외부 사람들에게서 좋은 평판을 들어야 한다고 요구하고 있기 때문에, 우리는 시 관료가 현세의 생명을 거둘 만한 범죄를 공개적으로 저지른 사람이 감히 영속하는 삶에 대해 다른 사람들에게 설파할 수 있는 공적인 권한을 지니게 된다는 것은 부적절하고 위험한 일이라고 판단한다. 그리고 만약 그의 위법행위를 군주가 용서해 주었고 그가 공개적으로 참회했기 때문에 단지 그의 목숨이 보장될 뿐 아니라 그가 교회의 목회자로 받아들여질 수도 있다고 누군가 반박한다면, 우리는 그 참회가 법에 의한 현세의 처벌을 없애주지도 못하고, 군주의 용서가 사람들 앞에서 그의 악행에 대한 평판을 제거해 주지도 못한다고 대답하는 바이다.

후보자의 생활과 언행을 보다 분명히 알 수 있도록 공개적인 공고문을 통해 이 나라의 모든 지역에, 혹은 적어도 가장 관심이 집중되는 지역에 게시되어야 한다. 거기에는 그가 어디서 공부했고 유년기와 어린 시절을 어디에서 보냈는가와 같은 내용들을 담아야 한다. 엄중한 명령을 내려, 그가 어떤 중대한 범지를 저지른 적이 있다면 그것을 반드시 공지하도록 해야 한다. 그가 고의적인 살인, 간통, 간음을 저질렀는지, 도둑, 술주정꾼, 싸움꾼, 소동을 일으키거나 다투기를 좋아하는 사람인지 알려야 한다. 명령과 법령과 더불어 이러한 공고문은 중요 도시들에 통지되어야 하고, 또한 드러난 그의 죄를 감추는 자들은 (그러는 동안) 예수 그리스도의 신부인 교회를 속이고 배신하는 것이고 이 사악한 자의 죄에 물드는 것이라고 선포해야 한다.

[목회자의] 승인

목회자들의 직무에 대한 승인은 반드시 그들이 임명될 교회와 그 소속 교인들의 동의, 그리고 그 목회자의 검증을 위해 위촉된 학식 있는 목회자들의 찬성을 필요로 한다.

우리는 목회자에 대한 승인이 청중들 앞에서 공개적으로 이루어지고, 특별히 초청된 목회자가 목회자의 의무와 역할, 태도, 대화, 삶에 관해서, 그리고 마찬가지로 그 목회자에게 교회가 마땅히 돌려야 하는 순종에 관해서 설교하는 것이 적절하다고 생각한다. 훈계는 목회자와 회중 모두가 있는 자리에서 쌍방을 향해 주어져야 한다. 즉 목회자는 자신이 설교자로 임명 받은 예수 그리스도의 양 무리를 세심한 근면함으로 섬겨야 하며, 그가 하나님의 임재 가운데 신실하게 행할 때 성령의 은혜가 그에게 충만하게 될 것이다. 그리고 사람들 앞에서 온전하고 바르게 행할 때 그의 삶이 사람들의 눈에 확증되어 그 입에서 나오는 말로 다른 사람들을 설득할 수 있게 될 것이다. 회중에게는 선출된 목회자를 주 예수의 종과 대사로 존경하고 경의를 표하도록 권고해야 한다. 목회자가 하나님의 입과 책을 통해 말하는 훈계를 마치 하나님 자신에게 순종하듯이 따라야 한다. 누구라도 그리스도의 목회자에게 귀 기울이는 자는 그리스도에게 귀 기울이는 것이고, 그들을 배척하고 그들의 사역과 권면을 경멸하는 자는 예수 그리스도를 배척하고 경멸하는 것이다.

우리는 회중의 공개적인 승인, 그리고 대중 앞에 소개하는 사람이 교회를 섬기도록 임명된 사람이라는 대표목사의 선포 이외의 다른 일체의 의식은 결코 인정할 수 없다. 비록 사도들이 안수를 행했지만, 이제 기적은 그쳤기 때문에 우리는 안수 예식이 꼭 필요하다고 생각하지 않는다.

　　선출되거나 혹은 추천을 받아 검증을 받은, 그리고 앞에서 말한 것처럼 공개적으로 승인을 받은 목회자는 충실하게 소임을 다하겠다고 약속한 양 무리를 제멋대로 떠나서는 안 되며, 양 무리 또한 목회자가 파면을 당할 만한 범죄를 저질렀다는 것을 입증할 수 없는 한 그 목회자를 거부하거나 자신들 입맛대로 바꾸려 해서는 안 된다. 이에 대해서는 나중에 다룰 것이다. 우리는 전체 교회 혹은 대부분의 교회가 정당한 이유들로 목회자를 한 교회에서 다른 교회로 전임시킬 수 없다는 것을 의미하는 것이 아니며, 지금 한 교회를 섬기고 있는 사람들이 말하자면 자비심으로 다른 곳에서 섬기도록 임명을 받고 선출될 수 없다고 말하는 것도 아니다. 하지만 일단 엄숙하게 선출되고 승인되었다면 그들이 자신들 멋대로 변경하는 것을 우리는 인정할 수 없다.

어떤 사람들은 경건하고 학식 있는 사람들이 드물기 때문에 이러한 엄중하고 예리한 검증이 보편적으로 이루어지기는 어렵고, 그 결과 대부분의 교회들이 목회자를 두지 못하게 될 거라고 생각한다는 사실을 우리는 모르지 않는다. 그렇지만 우리의 묵인 하에 무능한 사람들로 하여금 예수 그리스도의 양 무리를 다스리도록 할 경우, 능력을 갖춘 사람들이 부족하다는 사실이 하나님 앞에서 변명거리가 될 수 없다는 것을 그들은 알아야 한다. 사도 바울이 목회자들을 시험하고 검증하기 위해 지금 우리가 따르고 있는 것과 같은 규칙을 제시했을 때도, 현재 우리 가운데서와 마찬 가지로 이방인 가운데 경건하고 학식 있는 사람이 드물었다 딤전 3:1-7. 그리고 마지막으로, 목회자가 전혀 없는 것과 참된 목회자의 자리에 허상을 두고 있는 것이 매한가지라는 것을 그들은 알아야 한다. 아니 어떤 경우에는 후자가 더 나쁘다. 전혀 목회자를 두지 못한 사람들은 열심히 목회자를 찾을 것이지만, 헛된 허상을 두고 있는 사람들은 일반적으로 더 이상 고심하지 않고 거기에 만족하면서, 사실상 그들에게는 아무도 없는 것과 매한가지인데도 자신들에게 목회자가 있다고 생각하며 계속해서 기만을 당할 것이기 때문이다. 우리는 그를 하나님의 신비의 분배자로 인정할 수 없기에, 그는 결코 생명의 떡을 기진하고 굶주린 영혼들에게 나누어 줄 수 없다. 또한 하나님께서 그 입에 권면의 말씀을 맡기지 않으셨기에, 우리는 그가 성례를 합당하게 거행할 수 있다고 인정할 수 없다.

참된 목회자들이 희귀한 이때 여러분과 우리에게 남은 가장 중요한 방책은 이 추수의 때에 신실한 일꾼들을 보내달라고 하나님의 자비를 구하는 간절한 기도이다. 그 다음으로 여러분은 교회의 동의를 얻어, 은사와 은혜를 지녀 하나님의 교회를 견고하게 만들 수 있는 사람들을 여러분이 지닌 권위로 강권해서 그들이 자신들의 은사를 적재적소에 사용할 수 있도록 해야 한다. 그 누구도 게으르게 혹은 자기 멋대로 살도록 허용될 수 없고, 여러분과 교회가 마땅하다고 생각하는 곳에 임명을 받아 열심히 일해야 한다.

하나님께서 이미 여러분께 보내주신 목회자들과 학식 있는 자들을 여러분이 어떤 특정한 규칙으로 배치시켜야 한다고 우리가 여러분께 지시할 수는 없다. 그렇지만 이에 관하여 우리가 확인하는 바는 이 가련한 나라 안에서 일부 사람들은 교회를 위한 수고를 완전히 거둬버렸고 다른 이들은 한곳에 모여 있기만 하고 그들 대부분은 태만하다는 사실이 그리스도의 복음의 진보를 심각하게 훼방하고 있다는 것이다. 그러므로 우리는 하나님의 이름으로 여러분께 다음과 같이 요구한다. 여러분은 하나님이 주신 재능을 지닌 모든 사람들을 여러분이 하나님께로부터 부여받은 권위로 강권하여, 그들이 그리스도의 영광을 높이고 가련한 양떼를 위로하도록 교회에 부름을 받아 건전한 가르침으로 교육하고 그 재능을 사용하도록 해야 한다. 그리고 여러분은 교회의 동의를 얻어 가장 적합한 일꾼에게 도시뿐 아니라 그 근방 지역들까지 할당해야 한다. 그들의 신실한 노력을 통해 지금은 아무 것도 없는 그곳에 교회가 세워지고 질서가 확립될 것이다. 그리고 이런 식으로 여러분이 하나님의 영광과 형제들의 위로를 위해 여러분의 힘과 권위를 사용한다면 우리는 하나님께서 여러분과 여러분이 하는 일에 복 주시리라는 것을 믿어 의심치 않는다.

낭독자 독경사

현재 목회자를 둘 수 없는 교회들에는 반드시 공동

기도문[2]과 성경을 분명하게 읽을 수 있는 가장 적합한 사람을 임명해서, 그가 자신과 교회를 잘 훈련시켜 보다 완전한 데까지 성장할 수 있게 해야 한다. 그 과정을 통해 그는 단지 낭독자가 아니라 더 나은 수준까지 이르게 될 것이고, 교회와 분별력 있는 목회자들의 동의를 얻어 성례를 거행하도록 허용될 수 있다. 하지만 이것은 앞에서 언급했던 대로 그가 낭독 이외에도 건전한 교리로 훈화할 수 있게 되어 목사로 임직되기 전에는 안 된다. 오랫동안 예수 그리스도를 고백해 온 몇몇 사람을 아는데, 그들의 진솔한 대화는 아주 경건한 사람이라 칭송을 받을 만하고, 그들의 지식 또한 평범한 회중에게 큰 도움을 줄 수 있지만, 그들은 아직 낭독자로 섬기는 데 만족하고 있다. 이들에게 형제를 위로하고 돌보도록 고무시키고, 부드러운 권고로 격려하고 권유함으로써, 그들이 성례전을 거행할 수 있는 자격을 갖추는 데까지 나아가도록 해야 한다. 그러나 꾸준히 훈련에 매진하지도 않았고 그리스도에 대한 참된 신앙을 줄곧 이어오지도 못한 낭독자들은 자신의 성실함과 지식의 진보를 드러낼 수 있게 될 때까

---

[2] 『제네바예식서』 안에 들어 있는 기도문들을 일컫는다.

지 성례를 거행해서는 안 된다.[3]

---

[3] 스코틀랜드 귀족들이 덧붙인 몇몇 메모들 중 첫 번째 메모가 여기 등장한다. "귀족들은 이렇게 생각한다. 충분한 자격을 갖추기 전에는 누구도 설교할 수 없고 낭독자에 머물러야 하며, 이미 설교자가 된 사람들이라도 자격을 갖추지 못한 것이 발견된다면 시찰 감독은 그들을 낭독자로 삼아야 한다."

제5항 목회자 사례와 교회의 재산 분배에 관하여

"일꾼이 그 삯을 받는 것이 마땅하니라."눅 10:7 라는 우리 주 예수 그리스도의 말씀과 "일하는 소의 입에 망을 씌우지 말라."딤전 5:18 는 사도 바울의 말씀에 비추어볼 때, 우리는 목회자에게 정당한 사례가 주어질 필요가 있고, 그것은 목회자가 근심하게 되지도 않고 오만방자해지지도 않는 정도여야 한다고 생각한다. 그리고 이 사례는 단지 그가 살아 있는 동안의 생계를 위해서뿐만 아니라 사후에 그 아내와 아이들을 위해서도 지급되어야 한다. 우리는 일생 동안 하나님의 교회를 신실하게 섬기느라 자기 가족들을 위해서는 제대로 대책을 마련해 두지 못하고 세상을 떠난 목회자의 남겨진 아내와 아이들이 아무런 경제적 지원 없이 방치되는 것은 도리, 경건, 그리고 공정성에 전적으로 어긋나는 일이라고 생각한다.[4]

목회자 각각의 급료를 정하는 것은 어려운 일인데,

---

[4] 귀족들이 덧붙인 메모: "목회자 사후에 그 아내들을 위한 지원은 교회의 재량에 맡긴다."

각자 맡은 일도 다르고 필요도 다르기 때문이다. 어떤 사람은 계속 한곳에서 일할 것이고, 또 다른 사람은 (여러 교회의 책임을 맡아) 순회해야 해서 거주지를 자주 바꾸어야 한다. 이들 중에 어떤 사람은 아내와 아이들을 부양해야 할 것이고, 딸린 식구도 제각각일 것이며, 또 어떤 사람은 어쩌면 독신으로 살아갈 것이다. 책임의 정도가 다른 사람들에게 동일한 급료를 지급해야 한다면 결국 어떤 사람은 궁핍해질 것이고 또 다른 사람은 지나치게 풍족해질 것이다.[5]

우리가 시찰감독이라 부르는 여기저기 순회하는 목회자들은 한 장소에서 한 달 남짓 머물면서 교회를 든든히 세우고 또 같은 목적으로 다른 장소로 옮겨가는데, 이들을 위한 더 깊은 배려가 있어야 한다. 우리는 이런 사

---

5   귀족들이 덧붙인 메모: "그러므로 모든 목회자는 살림을 꾸려나가기에 충분한 급여를 받아야 하고, 덧붙여 모든 필요한 것들, 즉 의복, 고기, 생선, 책, [연료], 그리고 다른 생필품들을 적절하게 지원받아야 하는데, [그가 섬기는] 교회의 임대수입과 재산에서 얼마를 지원할지는 그의 지위와 시대의 필요에 맞게 회중이 결정해야 한다고 생각한다. 모든 목회자가 자신의 집에서 먹고 마실 수 있도록 적어도 40볼(boll)의 곡식과 26볼의 맥아를 지원하고, 교회가 판단하기에 더 많은 것이 필요할 경우에는 그에 맞게 지원하고, 더불어 가정에서 필요한 다른 먹거리와 필수품들을 살 수 있는 돈을 지급할 것이며, 그에 관한 조정은 교회의 판단에 위탁하되, 매년 교회의 장로와 집사를 선택할 때 이에 대한 판단을 하는 것이 [옳다고] 생각한다. 언제나 이 모든 것에 대해서는 사전에 한 분기에 해당하는 충분한 사례를 모든 목회자에게 미리 지급하게 될 것이다." 볼(boll)은 스코틀랜드와 북부 잉글랜드에서 "곡식 등의 양을 재는 단위로, 스코틀랜드에서는 일반적으로 6부셸(bushel: 약2말)에 해당한다." 『옥스퍼드영어사전』

람들에게는 6찰더chalder의 맥아[보리], 9찰더의 곡식, 말을 위해 3찰더의 귀리, 돈 500마르크를 더해 주어야 한다고 생각하는데, 앞서 말했던 방식으로 그 지역의 군주와 의회가 매년 그에게 얼마를 지급해야 할지 판단해서 증감시킬 수 있을 것이다.[6]

목회자들의 자녀는 그 아버지의 사역지 인근 도시들에서 무상으로 주어지는 권리를 누려야 한다. 그들은 학교에서 특별한 배려를 받고 대학에서 장학금을 받아야 한다. 다시 말해 그들이 학업을 계속 이어나가는 데 적합하다면 학업을 계속할 수 있을 것이고, 그렇지 못할 경우에는 수공업 분야나 바람직한 산업 분야에서 훈련을 받아 유익한 국민의 한 사람으로 성장할 수 있을 것이다.[7]

그리고 하나님 앞에서 우리가 증언하는 바, 우리가 이런 요구를 하는 것은 우리 자신을 위해서나 우리와 관련된 누군가를 위한 것이 아니라 덕과 학문의 증진과 다음세대의 유익을 위한 것이다. 누군가가 하나님께 헌신

---

[6] 찰더(chalder)는 "건조식품의 양을 측정하는 단위로, 스코틀랜드에서 16볼 혹은 64피를롯(firlot)의 곡식에 해당한다." 『옥스퍼드영어사전』

[7] 귀족들이 덧붙인 메모: "우리는 목회자의 딸들에 대해서도 동일한 요청을 한다. 다시 말해 그들은 귀하게 양육을 받고, 성인이 되었을 때는 교회의 판단에 따라 공정하게 자신의 상속분을 받아야 한다."

하고 자녀들도 그와 같이 하여 교회를 섬기는 것이 그가 세상적인 필수품들은 전혀 필요로 하지 않는다는 뜻은 아니다. 그렇지만 그에게 명예와 더불어 유익까지 함께 주어지는 것을 보면, 우리의 병든 본성은 덕을 따르도록 자극을 받게 된다. 반대로, 덕이 있고 경건한 사람들이 아무런 명예도 얻지 못하고 살 때는 덕이 경멸을 받게 된다. 그리고 가난이 사람들을 학문에서 떠나게 하고 덕의 길을 따르는 데서 멀어지게 한다는 것은 매우 유감스러운 일이다. 학문과 덕이야말로 교회와 예수 그리스도의 양 무리를 든든히 세우는 것이기 때문이다.

    우리는 낭독자들의 급료에 대해서는 아무 언급도 하지 않았는데, 그들이 단지 낭독만 할 뿐이라면 진정한 목회자로 불리거나 간주될 수 없기 때문이다. 그렇지만 그들의 사역에 대해서는 마땅히 존중함으로써 그들이 덕을 향해 나아가도록 해야 하고, 그들이 낭독에 할당된 급료 때문에 그 직위를 유지하게 해서는 안 된다. 그러므로 최근에 임명된 낭독자가 기도문[8]과 신구약성경을 읽는 것에 덧붙여 교구의 어린이들을 가르치는 책무를 감당한다면

---

[8] 『제네바예식서』를 일컫는다.

우리는 그에게 40마르크 남짓이 적절하고, 교구민과 낭독자가 합의해서 조정할 수 있다고 생각한다. 만약 그가 낭독하는 데서 그치지 않고 권면하고 성경을 설명하는 일까지 시작한다면 그의 급료를 올려주어야 하고, 마침내 그는 목회자라는 영예로운 자리에 이르게 될 것이다. 만약 2년이 지난 후 그가 그 직무를 감당할 수 없다고 판명되면 그는 그 소임을 내려놓아야 하고 모든 급료는 지급되지 않을 것이며, 적합하다고 판명을 받은 다른 사람이 그 일을 맡게 될 것이다. 교회를 든든하게 세우는 데 필수적인 일정 수준의 합리적인 지식을 구비하지 못했다는 평가를 받는 사람은 결코 교회에 대한 책무를 계속해서 잘 감당해 나갈 수 없을 것이고, 언제든 이런 일이 있어서는 안 된다. 더욱이 어린아이나 21살 이하의 사람을 낭독자의 직무에 임명하는 일은 피해야 한다. 낭독자는 진중함, 지혜, 분별력을 갖춰야 하는데, 자신의 경박함으로 기도문이나 성경을 읽는 일의 가치를 평가절하해서는 안 되기 때문이다. 낭독자들이 교회와 시찰감독의 승인에 의해 임명된다는 점을 유념해야 한다.

    낭독자들 중에는 오랫동안 경건함으로 이 일을 계속해 왔고, 권면의 은사를 지녔고, 목회자가 되고자 하는 소망을 지니고 있으며, 어린아이들을 가르쳐 온 사람들이 있는데, 우리는 이런 낭독자들에게는 100마르크 혹은 교회의 재량권에 따라 그 이상이 주어져야 한다고 생각한다. 이들과 공개적으로 말씀을 설교하고 성례를 집전하는 목회자들 사이에는 차이가 있다.

교회의 재산으로 지원해야 할 또 다른 두 부류의 사람들이 있는데, 즉 가난한 사람들과 청년을 가르치는 교사들이다. 각각의 교회는 그 안에 속한 가난한 자들을 부양해야 하는데, 하나님께서 당신의 법으로, 그리고 예수 그리스도가 그의 복음에서, 그리고 성령이 사도 바울을 통해 말씀하심으로 우리에게 돌보라고 그렇게 간곡하게 명하신 가난한 사람들이 일반적으로 경멸당하고 멸시 당한다는 것은 무섭고도 끔찍한 일이다. 우리는 여기저기 떠돌며 구걸의 기교를 부리는 완고하고 게으른 거지들의 후원자는 아니다. 그런 자들은 시행정관들이 벌해야 한다. 하지만 생계에 곤란을 겪는 과부와 그 자녀들, 노인, 무능력자, 장애인에 대해서, 우리는 하나님께서 자신의 백성들에게 이들을 돌보라고 명하신다고 밝히는 바이다. 성실한 사람들이 쇠락하여 궁핍해진 경우에도 지원을 해주어 우리가 지닌 것들로 그들의 빈곤을 덜어주어야 한다. 이런 일이 모든 도시에서, 그리고 이 나라의 다른 지역들에서 어떻게 하면 가장 편리하고 가장 수월하게 이루어질 수 있을지 하나님께서 여러분에게 지혜와 방책을 보여주실 것이고, 경건함을 지키는 여러분의 마음도 자연스럽게 그쪽으로 향할 것이다. 모든 사람이 자발적인 구걸을 하도록 내버려두어서는 안 된다. 거지들이 스스로 택한 곳에 머물면서 구걸하도록 방치해서는 안 되며, 건강한 거지는 일하도록 강제해야 하고 일할 수 없는 사람은 (한 장소에서 오랜 기간 머문 경우가 아니라면) 태어난 곳으로 보내 회복할 수 있도록 해야 하는데, 그곳에서 교회가 정한 대로 생필품을 적절히 지급해 주어야 한다. 우리가 판단하기에, 모든 도시, 마을, 혹은 교구의 가난한 사람들이 태어난 고향이나 거주지에서 회복을 꾀하도록 조치하고 거기서 그들의 이름과 수를 등록부에 올리기 전까지는 구체적인 절차나 금액이 정해질 수 없으며, 이때에야 비로소 교회가 지혜롭게 그 경비를 결정할 수 있게 될 것이다.

시찰감독

우리는 시찰감독이 될 목회자에게 다른 일반 목회자

들보다 더 많은 사례를 정했는데, 왜 우리가 이번에 설교자들 사이에 이런 차이를 두게 되었는지, 그리고 우리가 얼마나 많은 시찰감독을 필요로 하는지, 그들의 관할 영역, 직무, 그들의 선출 [방식], 그리고 그들의 해임 조건들에 대해 여러분께 알려드리는 게 좋을 듯하다.

하나님께서 우리 가운데 [특별한] 은혜를 부여해 주신 목회자들이 각각 구체적인 장소에 임명을 받아 계속 그곳에만 머물러 있어야 한다면, 이 나라의 많은 지역들에서는 어떠한 교리의 가르침도 받지 못하게 될 것이다. 이것은 단지 커다란 불평의 이유가 될 뿐만 아니라 많은 사람들의 구원을 위태롭게 하는 일이다. 그래서 우리는 이 나라에 있는 경건하고 학식 있는 사람들 가운데 12명 혹은 10명 우리가 전국을 몇 개의 지역으로 나누었는지에 따라 을 택하여 지금 아무도 없는 지역들을 맡기고, 그들로 하여금 그곳에 교회를 개척해 질서를 세우고 (앞에서 규정한 절차대로) 목회자들을 임명하도록 책임을 부여하는 것이 당분간은 상책이라고 생각하게 되었다. 그리고 이 일을 통해 (여러분 모두가 빚지고 있는) 이 나라의 모든 백성들에게 [여러분의] 사랑과 관심을 분명하게 드러낼 수 있을 것이다. 또한 (예수 그리스도를 제대로 전하는 말씀을 한 번도 들어보지 못했을) 순박하고 무지한 자들이 어느 정도 지식을 갖게 될 것이고, 미신과 무지로 죽어 있던 자들이 그 지식을 통해 경건함이란 과연 어떤 것인지 얼마간 느낄 수 있게 될 것이며, 이를 통해 자극을 받은 그들은 하나님과 그분에 대한 참된 종교와 참된 예배에 대해 더 많이 알고자 노력하게 될 것이다. 반대로 만일 그들을 방치해 둔다면 그들은 단지 불만을 품는 데 그치지 않고, 무지에서 비롯된 무분별한 삶을 지속할 핑계거리를 찾게 되거나, 자신들에게 익숙해져 버린 우상숭배로 돌아가게 될 것이다. 그러므로 우리가 그 무엇보다 간절하게 바라는 것은 예수 그리스도가 적어도 한번은 이 나라 방방곡곡에 널리 전해지는 것이다. 이런 일은 여러분이 임명한 사람들이 자신들에게 맡겨진 지역에서 신실하게 애쓰지 않는 한 느닷없이 이루어질 수 없는 일이다.

시찰감독의 거주지와 관할 관구

1. 오크니 Orkney 의 시찰감독: 관할 관구는 오크니제도, 셰틀랜드제도, 케이스네스, 그리고 스트래스네이버이다. 거주지는 커크월이다.

2. 로스Ross의 시찰감독: 관할 관구는 로스, 서덜랜드, 모레이, 스카이 북섬, 그리고 루이스와 그 인근 지역들을 포괄한다. 거주지는 로스의 캐논리 성城이다.

3. 아가일Argyll의 시찰감독: 관할 관구는 아가일, [킨타이어,] 론, 애런과 뷰트와 같은 남쪽 섬들과 인근 지역들, 로차버를 포함한다. 거주지는 [아가일]이다.

4. 애버딘Aberdeen의 시찰감독: 관할 관구는 디와 스페이 사이에 있는 지역으로, 애버딘과 밴프의 사법권이 미치는 곳이다. 거주지는 구舊애버딘이다.

5. 브레친Brechin의 시찰감독: 관할 관구는 먼스와 앵거스의 사법권 지역, 그리고 마르 언덕에서 디까지이다. 거주지는 브레친이다.

6. 세인트앤드루스Saint Andrews의 시찰감독: 관할 관구는 파이프와 포더링햄의 사법권 지역 전체에서 스털링까지, 그리고 퍼스의 사법권 지역 전체이다. 거주지는 세인트앤드루스이다.

7. 에든버러Edinburgh의 시찰감독: 관할 관구는 로디언의 사법권이 미치는 전 지역, 포스 강 남쪽에 있는 스털링이고, 추후에 전체 교회의 동의로 머스, 로더데일, 웨데일이 추가되었다. 거주지는 [에든버러]이다.

8. 제드버러Jedburgh의 시찰감독: 관할 관구는 테비어트데일, 트위데일, 리데스데일, 에트릭스 삼림지역을 포괄한다. 거주지는 [제드버러]이다.

9. 글래스고우Glasgow의 시찰감독: 관할 관구는 클라이즈데일, 렌프루, 멘타이드, 레녹스, 카일, 그리고 커닝햄을 포함한다. 거주지는 글래스고우이다.

10. 덤프리스Dumfries의 시찰감독: 관할 관구는 갤러웨이, 캐릭, 니더스데일, 아난데일, 그리고 서쪽의 나머지 골짜기들을 포괄한다. 거주지는 덤프리스이다.

시찰감독들을 여러분의 게으른 주교들이 이전에 해왔던 대로 살도록 내버려두어서는 안 되고, 자신들이 머물러 있고 싶어 하는 곳에 그대로 두어서도 안 된다. 그들 스스로가 설교자가 되어야 하고, 한곳에 오래 머물러서는 안 된다. 교회를 개척해서 목회자 혹은 적어도 낭독자가 세워지면 떠나야 한다.

시찰감독들이 한곳에 방문하면 20일이나 30일 이상 머물 수 없도록 함으로써, 자신들에게 할당된 전체 지역을 다 돌아볼 수 있게 해야 한다. 그들은 적어도 매주 3회 설교해야 하고, 자신들의 중심도시이자 거주지에 돌아와서도 마찬가지로 그곳의 교회에서 설교와 교화에 힘써야 한다. 그리고 그들은 중심도시에 너무 오래 머물러서는 안 되는데, 자칫 다른 교회들을 방치하는 것으로 보일 수 있기 때문이다. 시찰감독들은 중심도시에서 최대 서너 달 머문 다음에는 다시금 순회에 나서야 하며, 단지 설교만 하는 것이 아니라 목회자의 생활, 성실성, 품행, 그리고 교회의 질서와 회중의 행습을 점검해야 할 것이다. 더 나아가 시찰감독들은 가난한 자들이 어떤 돌봄을 받고 있는지, 청년들은 어떤 교육을 받고 있는지 살펴보아야 한다. 그들은 권면이 필요한 곳에서는 권면하고, 좋은 상담을 통해 어루만질 수 있는 것은 그렇게 치료하고,[9] 가증스런 범죄에 대해서는 교회의 견책을 통해 바로잡아야 한다.

만약 시찰감독이 이런 주요한 직무들 중 하나를 소홀히 하는 것이 발견될 경우, 그리고 특별히 그가 말씀을 설교하는 일과 교회들을 순회하는 일에 태만한 것이 목격될 경우, 혹은 그가 모든 목회자들에게 치명적인 그런 범

---

[9] 이 문장에 나오는 "치료하다"(dress)는 단어는 '올바른 질서를 가져오다' 혹은 '곧게 하다 또는 올바르게 하다'는 의미이고, "어루만지다"(appease)는 '안정시키다 또는 진정시키다'는 뜻이다. 따라서 이 문장의 의미는 시찰감독이 좋은 상담과 권고를 통해 진정시킬 수 있는 것들을 올바르게 수습해야 한다는 것이다.

죄를 저질렀다는 것이 입증될 경우에는 그가 누구든 어떤 직위에 있든 상관없이 즉시 면직시켜야 한다.

시찰감독의 선출

시찰감독에 대한 현재의 필요성 때문에 그들에 대한 추천, 검증, 그리고 승인이 우리의 요구대로 엄격하게 이루어질 수 없는 상황이지만, 이후에는 반드시 그렇게 되어야 한다.

그러므로 현재 우리는 앞에서 언급한 지역들을 섬길 수 있는 만큼의 사람들을 여러분이 직접 추천하거나, 아니면 여러분이 생각하기에 하나님을 두려워하는 마음으로 이 일을 감당할 만한 사람들에게 위탁하는 것이 좋다고 생각한다. 그리고 여러분과 여러분이 기꺼이 자문을 구한 사람들이 후보자들을 직접 불러서 각기 해당 지역에 임명할 수 있을 것이다. 우리는 모든 관할 관구의 시민들과 마찬가지로 여러분도 시찰감독의 선출에 대해 비밀을 유지하여서, 교회가 자유롭게 권한을 행사할 수 있게 하고, 목회자를 양 무리들이 보다 호의로 대하도록 하는 것이 필요할 뿐 아니라 최선이라고 생각한다. 지금 당장 필요한 사람들을 전부 찾는 것이 어렵다고 판단된다면 훈화하고 교회를 다스릴 자격이 없는 사람을 갑작스럽게 앉히기보다는 하나님이 더 나은 사람들을 보내주실 때까지 비워두는 것이 유익하다. 그 직무를 수행할 능력이 없는 사람들이 얼마나 교회 안에 폐해를 일으켜 왔는지 우리는 경험으로 알고 있다.

    3년이 지난 다음에는 모든 시찰감독이 스스로 떠나거나 혹은 그를 물러나게 할 수 있다. 지역의 중심도시, 즉 그 도시의 목회자, 장로, 집사는 시장과 시의회와 의논해서 그 지역에서 가장 경건하고 학식 있는 목회자들 중 2~3명을 추천하고, 그 사실을 인접한 2~3개의 지역들과 시찰감독에게 공적인 게시물로 알리고, 그들 중 한 명을 공중의 동의를 얻어 선택해서 현재 공석인 시찰감독의 자리에 임명해야 한다. 그리고 중심도시는 20일 이내에 이 일을 완수해야 할 것이다. 이 기간이 지나도록 아무도 제시되지 않았을 때는 인접한 세 지역이 그 시찰감독들, 목회자들, 장로들의 동의를 얻어 이 중심도시에 대한 권한과 특권을 지니게 될 것이고, 세 지역이 각기 한두 명씩 제시하면 절차에 따라 이들을 검증하게 될 것이다. 또한 같은 시기에 관할 관구에 속한 개별 교회들도 선출될 만하다고 판단되는 사람들을 적법하게 추천할 수 있으며, 이것은 공지되어야 한다.

추천이 이루어진 후에는 공지문을 보내어, 추천된 사람들 혹은 그들 중 어느 누구에 대해서라도 반대하는 사람은 모두 정해진 날짜에 중심도시의 정해진 장소에 와서 자신이 특정인의 선출을 반대하는 이유를 밝히도록 해야 한다. 우리는 이를 위해 30일 정도 기한을 두는 것으로 충분하고 생각하는데, 30일이란 추천이 이루어진 이후를 말한다.

선출이 이루어지는 날에는 그 지역의 모든 목회자들이 세 명 이상의 인접지역의 시찰감독들, 혹은 특별히 지명된 시찰감독들과 더불어 추천받은 후보자들의 학식뿐만 아니라 태도, 분별력, 교회를 다스릴 수 있는 지도력을 검증하게 될 것이다. 그리고 가장 합당하다고 판단되는 사람에게 그 직무를 맡기게 될 것이다. 전 지역의 목회자들이 자신들이 돌보고 있는 회중의 표결내용을 가지고 온다면, 그 선출은 모두가 참여하는 보다 자유로운 선출이 될 것이다. 하지만 항상 소집되어 모인 사람들의 투표 또한 반드시 필요하다. 검증은 공개적으로 이루어져야 한다. 후보자들은 공개 설교를 해야 하고, 사람들은 호감을 따르는 것이 아니라 양심에 따라 투표하도록 하나님의 이름으로 권고를 받아야 한다. 후보자에 대해 특정한 반대가 제기되면 시찰감독들과 목회자들은 그 반대가 양심에 따른 것인지 악의에서 비롯된 것인지 검토하여 답해주어야 한다. 예리한 검증, 목회자들과 시찰감독들의 인가, 참석한 장로들과 회중의 공개적인 동의 이외의 다른 예식들은 허용할 수 없다.

선출되어 그 직무를 부여받은 시찰감독은 중심도시뿐 아니라 자신에게 맡겨진 전체 지역의 목회자들과 장로들의 견책과 교정을 받아야 한다.

만약 시찰감독의 위법행위가 드러났는데도 그 지역 목회자들과 장로들이 그를 교정하는 데 소홀하다면 인접 지역의 시찰감독 한두 명이 목회자들과 장로들과 더불어 그 시찰감독과 중심도시의 목회자들과 장로들_{그가 맡은 지역 혹은 중심도시 안에 있다면}을 소환해서, 교정을 받아야 할 시찰감독뿐만 아니라, 그의 위법행위에 대해 수수방관하고 터무니없이 방치해 온 목회자들과 장로들도 책망하고 교정할 수 있다.

일반 목회자들이 징계나 면직에 처해질 만한 범죄는 무엇이든 예외 없이 시찰감독에게도 동일하게 적용된다.

교회가 세워지고 3년이 지난 경우, 우리는 특정 교회에서 적어도 2년간 신실하게 사역했다고 밝히지 못하는 사람에게는 시찰감독의 직무를 맡기지 말 것을 요구한다.

시찰감독이 어떤 한 지역의 마음대로 혹은 그 요청에 따라 자리를 옮기게 해서는 안 된다. 교회 전체회의의 동의 없이, 그리고 중대한 사유나 참작할 만한 사정이 없이는 안 되는 일이다.

마지막으로 우리가 여러분에게 권고하는 바가 있는데, 여러분이 시찰감독에 대한 현재의 필요에 급급한 나머지, 이곳저곳으로 계속 순회하기보다는 한곳에 머물러 있음으로써 이익을 얻으려는 목회자들을 시찰감독으로 임명함으로써 주요도시들과 학습이 이루어질 곳들의 기대를 저버리지 말라는 것이다. 여러분이 그렇게 하게 되면 여러 곳의 청년들이 성경에 대한 깊이 있는 해석을 갖지 못하게 될 것이고, 여러분의 정원에서 많은 소산을 내기까지는 긴 시간이 걸리게 될 것이다. 하지만 반대로 한두 도시가 계속적으로 학습을 누리게 되면 온 나라가 얼마 지니지 않아 그 열매를 맛보게 될 것이고, 경건한 자들이 위로를 받을 수 있게 될 것이다.

학교

경건한 행정관의 직무와 본분은 단지 하나님의 교회를 온갖 미신으로부터 정결하게 하고, 폭군의 압제로부터 벗어나 교회가 자유를 누리게 하는 것만이 아니라, 그 권한을 최대한 발휘해서 어떻게 하면 교회가 동일한 순결함을 지켜 나갈 수 있을지 미래 세대들에게 제시하는 것이다. 따라서 우리는 이 문제에 관해 우리의 생각을 여러분과 허심탄회하게 나누지 않을 수 없다.

학교의 필요성

하나님께서는 자신의 교회가 여기 이 땅에서 천사가 아니라 사람들에 의해 가르침 받도록 정하셨고, 사람들은 모든 경건함에 대해 무지한 채로 태어나며, 또한 하나님이 초대교회 사도들과 사람들에게 하신 것과 같이 인간에게 기적적으로 계시하거나 별안간 그들을 변모시키는 일은 이제 중단하셨기 때문에, 여러분은 덕을 함양하는 교육과 이 땅에서 청년들을 경건하게 양육하는 일에 최대한 관심을 쏟는 것이 필요하다. 당신이 그리스도의 영광의 진보를 진정으로 갈망하거나, 아니면 그리스도의 은혜가 다음 세대까지 지속되기를 원한다면 말이다. 청년들이 우리를 계승해야 하기에, 우리는 그들이 마땅히 우리에게 가장 소중한 우리 주 예수 그리스도의 신부인 교회를 이롭게 하고 도울 수 있는 지식과 학식을 갖추는 데 관심을 기울여야만 한다.

그러므로 우리는 어느 정도 알려진 중소도시에서는 각 교회에 한 사람의 교육 책임자를 두어야 하며, 그는 적어도 문법과 라틴어를 가르칠 수 있어야 한다고 생각한다. 산지에서는 일주일에 한번 사람들이 가르침을 받기 위해 모일 때, 낭독자나 목회자가 교구의 어린이들과 청년들을 맡아서 돌보고 가장 기초적인 것, 특별히 교리문답[10]을 가르쳐야 하는데, 『제네바예식서』라 불리는 공동예식서에 번역되어 수록되어 있다. 더 나아가 우리는 제법 규모가 있는 도시, 특히 시찰감독이 있는 도시에는 모두 대학을 세워서 유능한 교사들을 두어 문학, 적어도 논리학과 수사학, 어학을 가르쳐야 하고, 이들에게는 정당한 급료를 지급해야 한다고 생각한다. 또한 스스로나 혹

---

10   칼뱅의 교리문답으로, 예식서와 함께 묶여 출판되었다.

은 친구들의 도움으로나 문맹을 벗어날 수 없는 가난한 사람들, 특히 내륙 산지에서 온 사람들을 위해서도 대책을 마련해야 한다.

그 결실과 유용함은 바로 나타날 것이다. 먼저, 청년들과 어린아이들이 후원자들 앞에서 덕(德)을 함양하며 자라게 될 것이고, 이들의 성실한 돌봄으로 많은 폐해들을 피할 수 있는데, 청년들이 낯설고 생소한 곳에서 누리게 된 너무 많은 자유로 인해 흔히 스스로를 통제하지 못하고 실족하게 되는 일을 방지할 수 있다. 그렇지 않으면 청년들과 아이들이 좋은 돌봄과 그들의 어린 나이에 필수적인 것들을 결여하게 될 것이다. 두 번째로, 각 교회에서 이루어지는 어린이 교육은 장년들에게도 큰 교훈이 될 것이다.

마지막으로, 대학교라 불리는 큰 학교들이 배우고자 하는 사람들로 가득 차게 될 것이다. 교육은 신중하게 제공되어야 하며, 아버지가 그 재산과 지위가 어떠하든지 자녀를, 특히 청년들을 자신의 환상에 맞추어 혹사해서는 안 되고, 학문과 덕으로 양육할 수 있도록 해야 한다.

부유하고 유력한 사람들은 지금까지 그랬던 것처럼 자녀들이 무익한 게으름 가운데 어린 시절을 보내도록 방치해서는 안 된다. 오히려 그들은 교회의 지도와 권고를 받아들여, 자녀들이 좋은 교육을 받음으로 교회와 국가의 유익을 위해 살 수 있게 해야 한다. 그리고 그들은 이 일을 자신들의 경비로 해야 하는데, 그럴 만한 능력이 있기 때문이다. 가난한 사람들의 자녀들은 학업에 적합한지 아닌지 판단할 수 있을 때까지 교회의 부담으로 지원하고 양육해야 한다. 만약 그들이 배움과 학문에 재능이 있으면 (부유하든 가난하든 간에) 배울 기회를 박탈당해서는 안 되고 계속 공부할 수 있도록 해주어야 한다. 그러면 후일 국가가 그들의 도움을 받게 될 것이다. 그리고 이런 목적을 위해 분별 있고 학식 있고 신중한 사람들을 임명해서 그들이 학교를 방문해 그들의 학습, 유익, 계속성에 대해 판단하도록 해야 한다. 즉 목사와 장로들이 각 도시의 학식 있는 자들과 함께 매 분기마다 청년들이 어떻게 유익을 얻고 있는지 점검해야 한다.

읽기와 교리문답 학습, 문법, 라틴어, 문학, 철학, 언어에 일정 시간이 배당되어야 하고, 또한 국가의 유익을 위해 열심히 일하려는 목적에 부합하는 공부에도 시간이 배당되어야 한다. 이 모든 과정이 끝나면 아이들은 더 많은 배움의 길로 나아가거나 수공예를 배우거나 또 다른 유익한 수련을 받도록 보내져야 한다. 여기에는 항상 전제조건이 있는데, 그들이 무엇보다 먼저 그리스도교 신앙에 대한 지식을 갖추어야 한다는 것이다. 다시 말해 하나님의 율법과 계명, 그 용도와 역할, 우리 신앙의 중심 교리들, 하나님께 기도하는 올바른 형식, 성례의 수와 용례와 효력에 관한 지식, 예수 그리스도와 그분의 사역과 본성에 대한 올바른 지식, 그리고 우리가 그리스도인이라 불리고 주님의 식탁에 참여할 수 있게 되려면 필수적으로 갖추어야 하는 또 다른 지식들을 구비하고 있어야 한다는 것이다. 그러므로 이러한 원리들은 청년들이 반드시 배워야 하는 것들이다.

각 과정에 배정된 기간

우리 생각에는 능숙하게 읽는 것을 배우고, 교리문답에 답하고, 문법의 기초에 입문하는 데 2년이면 충분하고, 그것 우리는 문법을 말한다을 충분히 습득하는 데는 아무리 길어도 3-4년이면 족하다고 생각한다. 문학, 즉 논리학과 수사학, 그리고 그리스어에는 4년이 필요하고, 이후 24살이 될 때까지 교회와 국가를 유익하게 할 공부, 법학이나 물리학 혹은 신학에 시간을 쏟아야 한다. 24살이 되기까지 학교에서 시간을 보낸 후에 학생들은 그가 대학이나 대학교에서 강사로 쓰임 받지 않는 한 교회와 국가를 섬기기 위해 보냄을 받아야 한다. 만약 하나님이 여러분의 마음을 감동시켜 이 질서를 세우고 실행하도록 하신다면 온 나라가 수년 안에 참된 설교자, 국가에 필요한 다른 일꾼들을 공급받게 될 것이다.

대학의 설립

앞에서 말한 대로 문법과 언어 학교를 세운 다음, 우리는 전국에 세 개의 대학교가 필요하다고 생각해서 익숙한 도시에 설립하였는데, 먼저는 세인트앤드루스1413, 두 번째는 글래스고1451, 세 번째는 애버딘1495이다.

최초의 대학교인 세인트앤드루스에는 세 개의 단과대학이 있다. 대학교의 입문과정이라 할 첫 번째 단과대학에는 네 개의 과목 혹은 교수직seige이 있는데, 첫째는 새로운 구성원들supposts에게 개설된 논리학, 둘째는 수학, 셋째는 물리학, 넷째는 의학이다. 두 번째 단과대학에는 두 개의 과목 혹은 교수직이 있으며, 첫째는 도덕철학이고 둘째는 법학이다. 그리고 세 번째 단과대학에도 두 개의 과목 혹은 교수직이 있으며, 첫째는 언어, 즉 그리스어와 히브리어이고, 둘째는 신학이다.[11]

강사, 학위, 기간, 학습

1. 첫 번째 단과대학의 첫 과목에서는 논리학 강사가 일 년 동안 가르치게 된다. 둘째 과목인 수학 분야에서도 전문 강사가 산술, 기하학, 우주론, 천문학을 일 년에 걸쳐 가르친다. 셋째 과목인 자연철학 과정도 자연철학 강사가 일 년 동안 가르치게 될 것이다. 이렇게 3년 과정을 마친 사람이 시험과 검증을 거쳐 앞에서 말한 과목들을 충분히 배웠다고 판명되면 철학 분야의 졸업자가 된다. 넷째 과목인 의학 분야에도 한 사람의 의학 강사가 있어서, 5년간 의학을 가르칠 것이다. 이 기간 동안 연구를 마친 후에 검증을 통해 충분한 자격이 된다고 판명을 받는 사람은 의학 분야의 졸업자가 될 수 있다.

---

11 대학교에 관한 논의에서 *seige*라는 단어는 seat 혹은 chair, 즉 교수의 직책을 의미한다. *suppost*라는 단어는 대학교에 속한 학자와 구성원을 뜻한다.

2. 두 번째 단과대학의 첫 과목에는 한 사람의 강사가 윤리학, 경제학, 정치학을 일 년 동안 가르친다. 두 번째 과목에서는 두 사람의 강사가 국내법과 로마법을 4년간 가르치게 된다. 이 기간들이 지나고 검증을 통해 충분히 학습한 것이 증명되면 법학 졸업자가 될 수 있다.

3. 세 번째 단과대학의 첫 과목에서는 한 사람의 히브리어 강사와 또 한 사람의 그리스어 강사가 일 년 동안 가르치게 된다. 처음 6개월 동안은 문법을 가르치고, 나머지 6개월 동안 히브리어 강사는 모세오경, 예언서, 시편을 강독하고, 그리스어 강사는 플라톤과 신약성경의 일부를 강독할 것이다. 두 번째 과목에는 두 명의 신학 강사가 있어, 한 사람은 신약성경을, 또 다른 사람은 구약성경을 5년 동안 가르치게 된다. 이 기간을 보내고 검증을 통해 자격을 갖춘 것으로 판단되면 신학분야의 졸업자가 된다.

4. 우리는 학교 교장과 어린 시절 언어를 배운 도시의 목회자로부터 학업, 인성, 나이, 출신에 대한 증명서를 가지고 오지 않는 한 누구라도 첫 번째 단과대학에 받아들여서는 안 되고 대학교의 구성원도 될 수 없다고 생각한다. 그리고 마찬가지로 총장과 학장들의 위임을 받

은 시험관들에게 시험을 치러서 논리학을 충분히 배웠다고 판명될 때에라야 즉시 그 해에 수학 과정으로 진급할 수 있다.

5. 논리학, 수학, 물리학을 잘 마쳤고 학습능력이 있다는 증명서 없이는 누구도 의학과정에 입학할 수 없다.

6. 논리학, 수학, 물리학, 윤리학, 경제학, 그리고 정치학을 잘 이수했고 마지막으로 학습능력을 갖추었다는 증명서 없이는 아무도 법학과정에 들어갈 수 없다.

7. 논리학, 수학, 물리학, 윤리학, 경제학, 도덕철학, 히브리어를 잘 이수했고 도덕철학과 히브리어에 학습능력이 있음을 증명하는 문서 없이는 그 누구도 신학과정에 받아들여질 수 없다. 법학을 수강하게 되어 있는 사람들에게 의학을 듣도록 강요할 수 없고, 신학을 수강하게 되어 있는 사람들에게 의학이나 법학 수업을 듣도록 강요할 수 없다.

8. 글래스고에 있는 두 번째 대학교에는 두 개의 단과대학만 있다. 첫 번째 단과대학에는 세 개의 과정이 개설되는데 논리학, 그 다음에는 수학, 그리고 세 번째로는 물리학 과목이다. 모든 규정은 세인트앤드루스와 동일하다.

9. 두 번째 단과대학에는 네 개의 과정이 있는데, 첫째 과정에서는 도덕철학, 윤리학, 경제학, 정치학을, 두 번째 과정에서는 시민법과 로마법을, 세 번째 과정에는 히브리어를, 네 번째 과정에는 신학을 다룬다. 모든 규정은 세인트앤드루스를 따른다.

10. 애버딘에 세워진 세 번째 대학교는 모든 면에서 글래스고 대학교를 따를 것이다.

11. 우리는 대학교 당국이 각 단과대학에 경륜 있고 신중하며 부지런한 한 사람_{역주: 학장}을 택해서 그 단과대학의 수익금 전체를 받아서 대학을 꾸려나가는 일에 분배하게 할 필요가 있다고 생각한다. 그는 일상적인 회계를 매일 보고받고, 매주 강사나 담임교수 중 한 사람과 회동하고, 그들의 수업에 참관해서 그 가르치는 것을 보고 또 가르치는 내용에 대해 젊은이들이 실습하는 것을 보며, 그곳의 경영과 유지관리에 대해, 그리고 범죄의 처벌에 관해 단과대학의 전체 구성원들과 매주 회의를 열게 될 것이다. 그는 매년 11월 1일경에 시찰감독, 총장, 그리고 나머지 학장들이 모인 곳에서 설명해야 할 의무를 지니게 될 것이다. 이 직책을 맡을 사람을 선임하는 일은 이렇게 이루어질 것이다. 먼저 학장이 공석인 단과대학의 구성

원들이 양심에 따르기로 선서하고 (이미 학장인 사람들은 제외하고) 대학교에서 가장 유능한 사람 세 명을 추천해서 전체 대학교에 공개적으로 제시하게 될 것이다. 8일 후에 시찰감독 본인이나 그 대리인이 총장과 나머지 학장들과 더불어 참사회로 모여 먼저 반감이나 호감에 따르지 않고 성심껏 결정하기로 선서하고 난 다음, 세 명 중에 가장 적절하다고 생각되는 사람을 택하여 승인하게 될 것이다.

12. 우리는 모든 단과대학에 적어도 한 명의 관리인, 요리사, 정원사, 수위가 필요하다고 생각한다. 그들은 학장의 치리에 따라야 할 것이다.

13. 우리는 각 대학교에 총장 직속 직원을 한 명 두어 총장과 학장들의 지시에 따라 상시적으로 대학교 전체를 돌보게 해야 한다고 생각한다.

14. 우리는 모든 대학교가 매년 다음과 같이 총장을 선출해야 한다고 생각한다. 학장들이 전체 담임교수들과 총회로 모여, 양심에 따라 그 직책과 직위에 가장 적절하다고 생각되는 사람을 추천할 것을 선서하고, 세 사람을 추천해서 미가엘 축일 역주: 9월 29일 15일 전에 공적으로 공지하게 될 것이다. 그런 다음 미가엘 축일 저녁에 전체 학

장, 담임교수, 졸업자들, 혹은 적어도 윤리학, 경제학, 정치학까지 공부를 마친 사람들이 모이고 더 어린 사람들은 배제한 채, 모든 단체 nation [12]가 먼저 하나님 앞에서 양심을 따르기로 맹세하고, 앞에서 언급된 세 사람 중 한 사람을 추천하게 될 것이다. 가장 많은 표를 얻은 사람이 시찰감독과 학장에 의해 승인되어, 그에게 권면과 함께 책임이 부여될 것이다. 이 일은 9월 28일에 이루어질 것이다. 그리고 나서 양측 모두 hinc inde 선서를 하게 되는데, 그는 정의롭고 경건하게 이끌겠다고 서약하고 다른 사람들은 법에 따라 순종하겠다고 서약하게 될 것이다. 그는 대학으로 보내져 교권敎權을 나타내는 문장 Insignia Magistratus이 새겨진 새 의복을 입고 대학교에 입장하게 된다. 그리고 매달 각 단과대학을 방문하여, 강의와 그에 대한 실습을 점검하게 될 것이다. 법관과 신학자가 그를 보좌하게 될 것이고, 그는 이들의 조언에 따라 모든 사회적인 문제들, 대학교 구성원들 사이의 문제들을 결정하게 될 것이다. 만약 대학교 밖에 있는 누군가가 대학교 구성원을 괴

---

[12] nation: "중세 대학교에서 특정 지역이나 고장에 속한 학생들의 단체로, 얼마간 독립적인 공동체를 이루었다."『옥스퍼드영어사전』

롭히거나, 혹은 대학교 구성원이 그런 일을 한다면, 이런 경우에 총장은 시장과 부시장을 돕거나 혹은 다른 적임의 재판관을 도와 정의가 행해지고 있는지 감찰하게 될 것이다. 마찬가지로 대학교의 누군가가 형사법상으로 소추될 때도 총장은 유능한 재판관을 도와 정의가 이루어지는지 감찰하게 될 것이다.

15. 우리는 모든 대학교의 각 단과대학에 각기 24명의 장학생을 두되, 앞에서 기술한 모든 과목에 따라 동등하게 배분하는 것이 좋다고 생각한다. 즉 세인트앤드루스 대학교에 72명, 글래스고 대학교에 48명, 애버딘 대학교에 48명의 장학생을 둔다는 것인데, 이들이 먹는 음식은 단과대학이 부담하게 될 것이다. 제시된 학생들이 학습능력이 있는지, 그 부모들이 이들을 책임질 수 있는지 여부를 대학교의 성직자와 학장회가 심사하게 될 것이다. 그들에 대한 부담을 국가에 지우는 일은 없을 것이다.

급료와 필요비용

1. 우리는 대학교가 한시적으로 토지를 부여받고 주교단과 교회들의 재산에서 나오는 수익금을 받아 일상경

비를 충당해야 한다고 생각한다. 따라서 의원 여러분의 조언과 의회의 투표를 통해 이 일을 하는 것이 여러분의 기쁨이 될 것이다. 이 일이 빠른 시일 내에 처리될 수 있도록 우리는 필요하다고 생각되는 전체 금액에 대한 산정도 완료하였다.

2. 무엇보다 먼저 우리는 논리학, 수학, 물리학, 도덕철학 강사들의 일상적인 급료는 각각 100파운드면 충분하다고 생각한다.

3. 의학과 법학 강사에게는 133파운드.

4. 히브리어, 그리스어, 그리고 신학 강사에게는 200파운드.

5. 각 단과대학 학장에게는 200파운드.

6. 관리인에게는 16파운드.

7. 정원사, 요리사, 수위에게는 각각 10마르크.

8. 신학과 의학 과목을 제외한 모든 과목의 장학생들에게는 20파운드.

9. 신학과의 장학생들에게는 24파운드. 세인트앤드루스의 12명에게만 해당한다. 세인트앤드루스 대학교의 일 년간의 일상경비는 3,796파운드에 이른다. 글래스고 대학교의 일 년 일상경비는 2,922파운드. 애버딘 대학교

는 2,922파운드 정도. 전체 대학교의 일 년 일상경비 합계는 9,640파운드.

10. 총장 직속 직원의 급료는 각 대학교의 신입생과 구성원이 각기 2실링 20실링이 1파운드에 해당한다, 철학 분야 졸업생은 3실링, 의학과 법학 졸업생은 4실링, 신학 졸업생은 5실링씩 계산해 지급하게 될 것인데, 장학생은 제외된다.

11. 우리는 건물들을 짓고 유지하기 위해서 일상적인 모금을 하는 것이 좋다고 생각한다. 그래서 백작의 자제들은 대학교에 들어올 때와 졸업할 때 각기 40실링을 내게 될 것이다.

12. 귀족의 자녀들은 입학과 졸업 때 각기 30실링을, 자유보유 부동산을 소유한 남작의 자제들은 각각 20실링씩, 모든 토지 보유자 feuar 와 부유한 고위직 인사 gentleman 의 자제는 1마르크씩을 낸다.

13. 부유한 시민 burgess 의 자제들은 각기 10실링을 낸다.

14. (장학생을 제외한) 나머지 학생들은 입학과 졸업 때에 각기 5실링씩 낸다. 공동 모금함에 이 금액들을 모아서, 신학 분야 학장이 보관하고, 모든 학장들이 그 열쇠를 나누어 가지고 있다가, 일 년에 한번 11월 15일 경에

시찰감독, 총장, 모든 학장들이 참석한 가운데 개봉해서 계수한다. 이 모금된 돈은 필요가 생길 때마다 전체의 동의를 받거나, 적어도 대다수의 동의를 받아 오로지 건물을 짓고 유지하고 보수하는 데만 충당해야 한다. 그러므로 총장은 보좌진들을 대동하고 매년 한 번, 그 직위에 오르는 즉시 10월 말경에 그 건물들을 방문해야 한다.

대학교의 특권

특권보다는 순수성이 우리를 변호해주기를 바라기 때문에, 대학교의 모든 구성원들은 자신이 피소된 모든 범죄에 대해서, 총장이 판정을 내리는 경우를 제외하고는, 대학교가 있는 각 도시의 시장과 부시장 앞에서 답해야 한다고 생각한다. 만약 한동안 학교에 머물면서 공부하고 있는 대학교 구성원 사이에서 민사상의 문제가 발생하면, 그런 경우에 양측은 시장과 부시장 앞에서 대답하지 않아도 되고, 총장과 배석자들 앞에서 지금껏 진술해왔다. 다른 모든 민사상의 문제에서는 일반적인 법 규칙이 준수될 것이다. 예를 들어 고소인은 피고인의 법정을 따른다.[13]

총장을 위시한 모든 대학교의 구성원들은 일체의 세금, 부과금, 병역, 혹은 개인교수, 후견인, 집사직과 같이 자신들의 직무를 방해할 수 있는 또 다른 의무에서 면제를 받을 것이다. 어려움 없이 일군의 사람들은 젊은이들이 잘 배울 수 있도록 양육하는 일을 돕고, 또 다른 사람들은 가장 필수적인 학업에만 자신의 시간을 쏟을 수 있도록 해준다는 취지에서, 이런 제도가 우리나라에 확립되어 있고 이후로도 확립될 것이다.

각 과목에서 읽는 책들과 관련된 모든 것들, 그리고 다른 구체적인 사안들에 대해서는 선생, 학장, 담임교수들이 현명한 위원회와 더불어 잘 분별해 나가도록 맡기는 바이다. 의심의 여지없이 하나님이 평온을 주시고자 하고, 그리고 만약 여러분이 앞에서 기술한 방식으로 학문을 촉진시켜 준다면 여러분은 후손에게 지혜와 지식, 즉 당신들이 그들에게 줄 수 있는 다른 어떤 지상의 보물보다 더욱 가치가 있는 보화를 남기게 될 것이다. 지혜가 없으면 세상의 보물이 그들을 돕거나 위안을 주기보다는 파멸과 혼란으로 몰아넣기 십상이다. 이것이 진실이기

---

13 Actor sequatur forum rei, etc.

때문에 우리는 다른 필수적인 것들과 더불어 이것을 여러분이 지혜롭게 숙고해서, 여러분이 책임지고 있는 이 나라의 최대한의 진보를 촉진시키도록 위탁하는 바이다.

제6항 교회의 지대地代와 재산에 관하여

두 부류의 사람들, 즉 목회자들과 가난한 자들은 학교와 마찬가지로 법령으로 제정하여 교회의 책임으로 지원해야 한다. 그러므로 그 총액을 어떻게 누구에게서 거둬들일지 규정을 만들어야 한다. 그렇지만 우리가 제6항을 시작하기 전에 여러분께 영원한 하나님의 이름으로 그리고 그 아들 예수 그리스도의 이름으로 간절히 바라는 바는 여러분이 가난한 형제들, 이 땅의 노동자와 비참한 자들을 고려하라는 것이다. 무자비한 짐승들, 교황주의자들의 극심한 압제로 인해 그들이 삶이 비탄의 나락에 빠져 있다. 만일 여러분이 창조주 하나님을 모시고 있고 종교개혁에 찬성하는 쪽이라면, 그놈들의 발자취를 따라서는 안 된다. 오히려 여러분의 형제를 긍휼히 여기고 그들이 정말로 합리적인 십일조teinds: 스코틀랜드에서 성직자를 부양하기 위해 토지의 소산물에 부과한 십일조를 뜻한다. - 역자 주를 낼 수 있도록 함으로써 그들이 자신들에게 선포되고 있는 예수 그리스도의 은혜를 얼마간이라도 체감할 수 있게 해야 한다.

우리는 슬프게도 일부 부유층들이 현재 자신의 소작

인들을 교황주의자들만큼이나 잔인하게 다루고 있고, 자신들이 앞서 교회에 지불한 것들에 대해 그 모든 것들을 소작인에게 요구하고 있다는 말을 듣고 있다. 그렇다면 교황정치의 전횡이 귀족들 혹은 지주들의 전횡으로 바뀌는 것뿐이다. 우리가 여러분께 아첨하는 일은 없을 것이다. 그것은 여러분에게도 유익하지 않고 우리에게도 마찬가지다. 만약 여러분이 그런 잔인한 행습을 용인한다면, 부여받은 권한으로 그러한 압제를 막아야 할 책임이 있는 여러분도, 그리고 그런 잔인한 일을 행하는 자들도 하나님의 무겁고 두려운 심판을 피하지 못할 것이다. 부유층, 남작, 백작, 귀족 등 모두가 정당한 지대를 받아 살아가는 데 만족해야 하고, 교회가 그 자유를 회복하도록 해서, 이제껏 잔인한 교황주의자들에게 약탈당하고 학대받아 온 가난한 자들이 이제는 얼마간 위로를 얻고 부담을 덜 수 있도록 해야 한다.[14]

우리는 누군가 다른 사람의 십일조를 거둘 권한을

---

14 "귀족들의 결론: 이러한 십일조들과 기타 가혹한 세금들이 완전히 면제되고 앞으로는 절대로 부과되지 않을 것이다. 수의세(uppermost cloth), 장례세(corpse-present), 교구세(clerk-mail), 부활절 헌금(Paschc offerings), 맥주 십일조(teind ale), 산골세(handlings upland) 또한 요구하지도 않고 경건한 양심에 따라 받지도 않을 것이다."

소유하는 것은 결코 정의에서 발현된 것이라고 생각하지 않으며, 모든 사람이 각자 자신의 십일조를 내는 것이 가장 합리적이라고 생각한다. 단, 각자는 정당하게 자신에게 부과된 금액을 교회의 집사와 회계 담당자에게 이행해야 한다. 우리는 목회자들이 직접 나서기보다는 집사와 회계 담당자가 지대를 받아야 한다고 생각한다. 왜냐하면 십일조가 목회자들을 부양하는 데뿐 아니라 가난한 자들과 학교 교육을 위해서도 사용되어야 되기 때문이다. 따라서 우리는 일반적인 회계 담당자, 즉 집사들을 매년 임명하여, 그들로 하여금 교회의 모든 지대를 거두어들이게 하는 것이 가장 좋다고 생각한다. 그리고 이에 대해 명령을 내려, 누구도 앞에서 말한 사람들의 생계와 관련된 어떤 것을 거두어들이거나 끼워 넣을 수 없고, 오직 교회 공통의 동의에 따라 임명을 받은 사람들만이 그 일을 할 수 있게 해야 한다.

만약 누구라도 이런 조처가 지금 십일조를 거둘 권한을 지니고 있는 사람들의 각종 권한과 이익을 침해하는 것이라고 생각한다면, 그들은 부당한 소유는 하나님 앞에서 결코 소유로 인정받을 수 없다는 점을 알아야 한다. 그 권한을 부여받았기 때문에 자신들에게 그럴 권리가 있다고 생각하는 자들은 도적이고 살인자이며, 이처럼 교회의 재산과 공동의 이익을 딴 데로 돌릴 권한이 그들에게는 없기 때문이다. 그렇지만 우리가 주장하는 바는 그렇게 극단적인 것은 아니며, 부당한 권리 보유자들에게 일정 금액을 지불한 (그래서 결국 교회에 손해를 끼치는 일은 비단 최근의 일이 아니고 죽 있어왔다) 사람들에게 적절한 보상이 이루어지기를 바란다. 명백한 공모에서 비롯된 것으로 보이는 이러한 일들이 결코 여러분에게는 있어서 안 된다. 그러기 위해 우리는 십일조를 거둘 권한 임차권, lease 을 보유한 자들에게 혹은 교회에게 자신들의 권한과 주장을 제시하도록 공개적으로 통고하는 것이 가장 상책이라고 생각한다. 그렇게 해서 제대로 파악을 하고, 정당한 임차인 lessee 에게 유효한 기간에 해당하는 적절하고 합리적인 보상을 하되, 지난 시간들의 수익을 살펴서 그것을 공제해야 하고, 불법적인 일을 행한 사람은 그것에 합당하게 다루어야 한다. 그렇게 함으로써 결국 교회는 그 권리를 회복할 것이고, 오직 가난한 자들의 구제에 힘쓸 수 있을 것이다.

여러분은 우리가 지금 우리 자신을 위해서가 아니라, 사제들과 그들과 공모한 고용인들에게 빼앗기고 억압받아 온 가난한 자들과 노동자들의 편에서 말하고 있다는 것을 쉽게 알 수 있을 것이다. 사제들과 결탁한 고용인들의 게으른 배를 불리는 동안 가난한 자들은 굶주림으로 수척해졌다. 그리고 무엇보다 진짜 노동자들은 자신들이 지불하지 않아도 될 것들을 지불하도록 강요를 당했다. 노동자들은 주교라 불리는 벙어리 개에게 빚진 자들도 아니고 그들에게 고용된 하수인에게 빚진 자들도 아니다. 단지 그들은 교회에 대한 의무만 지닐 뿐이다. 교회가 오로지 책임져야 할 일은 그 재정으로 앞에서 언급된 사람들, 즉 말씀을 맡은 목회자들, 가난한 자들, 그리고 젊은이들을 가르치는 교사들을 부양하고 뒷받침하는 일이다.

이제 제6항으로 돌아와 보자. 앞에서 언급된 사람들을 부양하고 교회 안에 바른 질서와 정책을 유지하는 것과 관련된 모든 것들을 구비할 수 있는 비용은 십일조로 충당해야 한다. 곡식 세, 건초 세, 섬유의 재료가 되는 각종 식물에 대한 세금, 물고기 세, 소나 말이나 양의 새끼에 대한 세금, 양털 세, 치즈 세 등이 있다. 그런데 우리는 앞에서 언급했듯이 합리적으로 거두어들인 십일조로만으로는 이러한 필요들을 이행하기에 불충분할 것이라는 점을 알고 있다. 그래서 우리는 구제를 위한 모든 기부, 그리고 도시와 농촌에서 사제, 부속 예배당, 대학, 채플린, 모든 수도회의 수사들, 시에나Sienine [15]의 수녀들, 그리고 이 나라에 있는 다른 수녀원의 수녀들에게 속한 토지의 매년의 지대 수입은 해당 도시나 교구의 교회들의 필요를 위해 사용되어야 한다고 생각한다. 더 나아가 대학교를 관리하고 시찰감독을 유지하기 위해 주교, 사제, 그리고 수석사제의 토지의 모든 수입, 그리고 대성당교회에 속한 토지의 지대 전부가 충당되어야 한다. 또한 땅을 경작하는 일과는 아무런 관련이 없는 자유도시의 상인과 부유한 장인들은 자신들의 거주지에 있는 교회의 필요를 뒷받침하기 위해 일정부분 공헌해야 한다.

목회자들, 목회자가 없는 경우에는 낭독자들에게 그들의 사택과 부속 토지를 확보해 주어야 한다. 그렇지 않으면 그들이 자신들의 의무대로 양떼를 돌보는 일에 전념할 수 없을 것이다. 만약 부속 토지가 6에이커 약 4,046.8m²를 초과할 경우에는 그 초과분은 별도의 지시가 내려지기까지 점유자가 계속 점유하도록 둔다.[16]

---

15 시에나의 카타리나를 따르는 수녀원이다.

지대와 각종 세금은 모든 교회가 합의하여 자유로운 선거를 통해 매년 임명하는 집사나 회계 담당자가 거두어들여야 한다. 집사들은 거두어들인 것들 중 어떤 것도 목회자들과 장로들의 명령이 없이는 분배할 수 없고, 목사와 장로들은 반드시 교회가 사전에 결정한 대로 그 집행을 명해야 한다. 다시 말해 집사들은 먼저 교회가 임명한 목회자들에게 분기별로 혹은 6개월에 한 번씩 급료를 지급하게 될 것이다. 그리고 교사, 강사, 그리고 구빈원장_{있을 경우}에게 급료를 지급해, 그들이 항상 일한 몫을 받도록 할 것이다.

특별한 용도에 재정을 사용할 경우에는 목회자, 장로, 집사들이 교회의 공동의 유익에 적합한지 논의하여야 한다. 그리고 만약 찬성이든 반대든 만장일치로 그들의 뜻이 모아지면, 그해에 자신들에게 맡겨진 소임을 그들이 잘 해낼 수 있을 것이다. 하지만 그들 사이에 논란이 있을 경우에는 전체 교회가 관여해야 한다. 그 문제에 대해 설명을 하고 이유를 제시하게 한 다음, 목회자의 동의

---

16 "귀족들은 목사관과 그 딸린 토지가 목회자들에게 주어져야 한다는 데 동의하고, 큰 규모의 목사관이 있는 마리샬(Marischal), 모턴(Morton), 글렌캐런(Glencairn), 카실리스(Cassillis)를 제외하고 모든 목회자들이 6에이커의 토지를 가지는 것을 승인한다."

를 얻어 교회가 판단을 내려 상황을 수습하게 될 것이다.

집사들은 자신들이 거두어들인 것들에 대해 정해진 방침대로 자주 목회자들과 장로들에게 보고해야 할 의무를 지게 될 것이다. 그리고 장로들이 바뀔 때면 이 일은 매년 시행되어야 한다 그들은 교회가 정한 대로 회계 감사관들 앞에서 그 회계 계정을 명료하게 밝혀야 한다. 그리고 물러나는 집사와 장로들은 새로 선출된 사람들에게 자신들의 수중에 남아 있는 돈, 곡식, 다른 수익금 일체를 넘겨주어야 한다. 그리고 그에 관한 자세한 회계기록을 시찰감독이 방문할 때 전달해서 교회의 상급 위원회에 제출하게 함으로써, 각 교회의 빈곤함과 풍성함이 분명하게 알려지게 해야 한다. 이를 통해 이치에 맞는 균등이 온 나라에 실현될 수 있다. 만약 이러한 방침이 정확하게 지켜진다면 부패가 불시에 파고드는 일은 없을 것이다. 매년 집사와 장로를 자유롭게 선출하게 함으로써 그 누구도 교회에 대한 영속적인 지배력을 갖지 못하게 할 것이다. 지대地代에 대한 지식이 있으면 그들이 산정하는 것 이상으로 거두지 않게 할 것이고, 새로 직무를 맡은 사람들에게 그 재정을 넘겨주게 힘으로써 각 개인이 교회의 공적인 자금을 자신의 사적인 일에 사용하지 못하게 할 것이다.

제7항 교회 치리에 관하여

좋은 법과 그 법을 정확하게 집행함 없이는 국가가 번성하거나 오래 유지될 수 없다. 그와 마찬가지로, 이 세상의 칼이 간과하거나 벌하지 못하는 잘못들을 책망하고 교정하는 교회 치리의 법령 없이는 하나님의 교회가 순수함에 이를 수도 없고 그것을 지킬 수도 없다. 신성모독, 간통, 살인, 위증, 그리고 죽음에 처해질 만한 다른 중대 범죄들은 교회가 책망할 적절한 대상이 결코 아니다. 하나님의 법을 드러내놓고 어기는 이런 자들은 세상의 칼이 제거해야 한다. 그러나 술주정, (입고, 먹고, 마시는 일에 있어서) 과도함, 간음, 가난한 자들에 대한 가혹한 억압, 엉터리 저울과 자로 사고팔아 가난한 자들을 속이는 일, 터무니없는 말과 방탕한 생활로 중상 모략하는 일은 하나님의 교회가 마땅히 다루어야 할 대상이고, 하나님의 말씀이 명하는 대로 이런 것들을 벌해야 한다.

그렇지만 이처럼 저주받은 로마가톨릭이 이 세상에 혼란을 불러와서, 덕이 걸맞은 칭송을 받지 못하고 악덕이 엄격히 처벌되지도 않고 있다. 따라서 하나님의 교회가 이러한 공개적이고 명백한 위법행위자들에 대항하여 하나님으로부터 받은 칼을 뽑아들지 않을 수 없게 되었다. 이 모든 자들, 세상의 칼이 처벌해야 마땅한 자들까지도 파문시켜서, 그들이 공개적인 회개를 할 때까지 기도와 성례전에 참여하지 못하게 해야 한다. 파문의 처분과 그 절차가 신중하게 진행되어야 하느니만큼, 일단 선고가 내려지고 나면 그 사람의 지위와 신분이 어떠하든지 간에 엄격하게 지켜져야 한다. 법이 존재하지만 지켜지지 않는다면 덕이 경멸을 받게 되고 혼란을 초래하며 방종하여 죄를 짓게 되기 때문이다. 그러므로 우리는 파문의 전과 후에 다음과 같은 절차를 지킬 필요가 있다고 생각한다.

첫째, 위법행위가 은밀하고 소수에게만 알려졌고 명백하게 입증되었다기보다는 의혹의 단계일 때는 위법행위자는 사적으로 모든 악을 멀리 하라는 권고를 받아야 한다. 만일 그가 그렇게 하겠다고 약속하고 자신이 건전하고 정직하고 하나님을 두려워하고 형제에게 죄를 짓는 것 또한 두려워한다고 분명하게 밝힌다면, 은밀한 권고민으로도 그를 교정하는 데 충분할 것이다. 그렇지만 그가 권고를 무시하거나 약속한 이후에도 이전보다 조금도 조심하지 않는다면 목회자가 그를 훈계해야 하며, 만약 그가 목회자에게 순종하지 않으면 그리스도의 법에 따라 다음과 같이 처리해야 한다.

만약 범죄가 공개적이고, 간음, 술주정, 싸움, 비속한 욕설이나 저주와 같이 가증스러운 범죄일 때는 범죄자를 목회자, 장로, 집사들 앞에 소환하고, 그의 죄와 위법행위를 분명히 드러내 밝혀서, 그 자신이 하나님을 얼마나 마음 아프게 했는지, 그리고 교회의 명예를 얼마나 훼손했는지 절감할 수 있도록 해야 한다. 만약 그에게 진실한 회개의 표지가 보이고, 그가 공개적인 회개를 하게 해달라고 요구한다면 목회자는 전체교회가 모이는 한 날을 지정하여 그가 모든 회중 앞에서 회개할 수 있도록 해줄 수 있다. 만약 그가 이를 받아들여 공손한 태도로 자신의 죄를 고백하면서 통회하고, 회중이 자신과 함께 하나님의 자비를 간구하는 기도를 해주기를, 그리고 이전에 자신이 저지른 위법행위에도 불구하고 자신을 공동체에 받아주기를 간절히 원한다면, 교회는 그를 참회자로 받아들일 수 있고 또 받아들여야 한다. 하나님이 그에게 가혹하지 않은 것처럼 교회도 가혹해서는 안 되기 때문이다. "언제든지 죄인이 진심으로 회개하고 악한 길에서 돌이

키면 하나님은 그가 범한 모든 죄악 중 하나라도 기억하지 않으실 것이다"참조. 겔 18:21-22; 33:14-16. 따라서 교회는 하나님이 용서하신 사람들을 파문하지 않도록 매사에 유의해야 한다.

만약 목회자 앞에 소환된 위법행위자가 완고하고, 냉혹하고, 회개의 어떠한 표지도 보이지 않는다면 그가 현재 얼마나 위험한 상태에 놓여 있는지 생각해 보라고 훈계하고 돌려보내야 한다. 그리고 그에게서 삶의 개선을 위한 어떤 조짐도 보이지 않는다면 교회는 더 강화된 교정책을 찾게 될 것이라는 점을 그에게 납득시켜야 한다. 만일 그가 목회자에게 자신의 회개를 보여준다면 앞에서 언급했듯이 그를 교회 회중 앞에 데려와야 한다.

그러나 만약 그가 회개하지 않고 고집을 부린다면, 그동안 목회자가 계속 견책해 온 범죄가 교회 안에 일어났다고 경고하고, 위법 행위자에게는 회개를 촉구해야 한다. 그에게서 어떠한 회개의 표지도 보이지 않기 때문에 교회에 그 범죄를 알리지 않을 수 없지만 그 당사자를 공개하지는 않는다. 그리고 회중에게는 하나님께 간절히 기도히어 위법행위자의 마음을 감동시켜 그가 별안간 진정으로 회개할 수 있도록 해달라고 구할 것을 요청해야 한다.

만약 그 사람이 악의적이라면 공적인 모임이 있은 다음 날 범죄행위와 그 당사자까지 교회에 알려야 하고, 만약 이러한 범죄가 처벌되지 않고 방치된다면 그에 대한 판결을 요청해야 한다. 그리고 가장 신중한 사람들과 위법행위자의 가까운 친구들에게 그를 열심히 권고해 줄 것을 요청해서 그가 자신을 직시하고, 자신의 위험한 상태를 자각할 수 있게 해야 하고, 모든 사람들이 이 완고한 자의 회개를 위해 하나님께 기도해 줄 것을 요청해야 한다. 만약 이 목적을 위해 엄숙하고 특별한 기도가 드려진다면, 그 일은 더욱 진지하게 이루어질 것이다.

세 번째 주일에 목회자는 회개하지 않은 완고한 자가 어떤 목회자에게라도 회개의 기색을 드러낸 적이 있는지 물어야 한다. 그리고 만약 그랬다면 목회자는 즉각 목사회가 그를 검증하거나 혹은 따로 날짜를 정해 컨시스토리_{역주: 대개 목사와 장로로 구성된 교회 치리회이지만, 스코틀랜드 교회에서는 목사, 장로, 집사가 참여하였다}가 그 일을 하도록 지시해야 한다. 그리고 그가 범죄와 오랜 모독행위에 대해 회개를 하면, 앞에서 언급했듯이 그가 교회 회중 앞에서 고백하고 그 구성원으로 받아들여질 수 있게 할 것이다. 그렇지만 만약 그 누구도 그 자의 회개를 알리지 않는다면, 그때는 그를 파문해야 한다. 이때는 목회자가 목사회의 동의를 얻어 교회의 법에 따라 그 모독을 일삼던 자가 하나님에게서 그리고 교회 공동체에서 제명되었다고 선언해야 한다.

이 선고가 내려진 이후에는 (아내와 가족을 제외하고) 어느 누구도 그 자와 일체의 대화를 하지 못하게 될 것이며, 그의 회심을 위해 목사회가 명하거나 허락해 준 경우 외에는 더불어 먹고 마시지도, 사고팔지도, 더욱이 인사하거나 말하지도 못할 것이다. 이런 일들을 통해 신실하고 경건한 사람들에게서 자신이 거부당하는 것을 깨닫고 당황한 이 자는 회개의 기회를 얻어 구원을 받을 수 있을 것이다. 파문 선고를 전 지역에 널리 공고하여, 어느 누구도 그 사실을 모른 척하지 못하게 해야 한다.

그가 이 선고를 받고 회개하기 전에 태어난 자녀들은 세례를 요청할 수 있는 나이가 될 때까지는 세례를 받을 수 없을 것이다. 어머니나 그의 가까운 친구들이나 교회의 구성원들이 그 아이를 데려와서 회개하지 않는 자의 죄악과 완고한 모독행위를 혐오하고 저주하면서 세례를 청하는 경우에는 세례를 받을 수 있다. 만약 누군가 그 아이가 아버지의 죄악 때문에 처벌받는 것이 가혹하다고 생각한다면 그들은 성례가 신실한 신자들과 그 자손들에게만 속하는 것이고, 모든 경건한 권고를 완강하게 무시하고 모독하면서 고집스럽게 죄악 가운데 거하는 자는 결코 신실한 신자로 간주될 수 없다는 것을 알아야 한다.

공적인 위법 행위자에 대한 법령

우리는 끔찍한 범죄를 저지른 자들, 즉 살인, 학살, 그리고 간통을 범한 자들에 대해서는 아무것도 말하지 않았다. (우리가 이미 말했듯이) 이런 자들은 세속의 칼이 사형으로 벌해야 마땅하기 때문이다. 하지만 이들의 목숨이 보전된 경우에는 앞에서 언급했듯이 교회는 [바로] 그 범죄로 인해 그들이 여전히 저주받은 상태에 있다고 간주하고 하나님이 주신 칼을 뽑아 들어야 한다. 위반자를 먼저 소환해 그를 상대로 교회의 법령을 행사하고, 완고하게 회개하지 않는 자들을 공개적으로 파문했던 것과 같은 방식으로 다루어야 한다. 그렇게 해서 파문의 선고를 받고도 완강하게 회개하지 않는 자, 살인자나 간통을 범한 자들은 [교회의] 판결을 받아야 하는 처지에 놓이게 된다. 즉 이들은 (말씀을 듣는 것은 허용되더라도) 기도와 성례라는 교회의 친교에는 받아들여질 수 없다. 그들이 먼저 목사회에 출석하여 자신을 위해 하나님께 기도해 달라고 목회자와 장로들에게 겸손하게 요청하고 교회에 중보기도를 부탁하여 공개적으로 회개할 기회를 얻고 되고, 결국 예수 그리스도의 지체들에게 분배되는 그분의 은혜의 풍성함을 누리게 될 때까지 그렇다.

    이 요청이 겸손하게 이루어진다면, 목회자들은 대중설교를 행한 이튿날 이 사실을 교회에 알리고, 그가 마음먹은 일을 잘 수행할 수 있도록 교회가 하나님께 기도할 것을 권고하게 될 것이다. 그의 중대한 범죄에 대해 진실한 회개가 그 범죄자의 심령 가운데 일어나고 성령의 역사로 그 자가 하나님의 커다란 자비를 맛보고 느낄 수 있도록 해달라고 기도해야 한다. 그 이후 한 날을 정해 그가 자신의 범죄와 모독행위를 공개적으로 고백하고 하나님의 교회에 공개적인 사죄를 하게 해야 한다. 이 날 범법자는 전체 교회 앞에 나와서 자신의 입으로 자신의 불경건함을 통회하고 공개적으로 고백하고, 하나님의 은혜와 자비를 구해야 하며, 그러면 교회 공동체는 앞에서 말한 대로 기꺼이 그를 구성원으로 받아들이게 될 것이다. 목회자는 그가 자신의 죄, 즉 자신의 범죄와 모독행위를 혐오하고 미워하는지 면밀히 살펴야 하고, 만약 그가 죄를 고백하면 목회자는 그를 붙들고 최선의 노력을 기울여서 그가 하나님의 자비에 대해 품은 소망을 발견해야 한다.

그가 예수 그리스도에 대해 충분히 배우고 그리스도의 죽음의 효력을 제대로 깨닫고 있다고 판단되면 목회자는 하나님의 확실한 약속으로 그를 위로하고, 그가 회개했다고 밝히고 있으니 (이전에 사탄의 그물에 걸려들었던) 이 하나님의 피조물을 교회 공동체에 기꺼이 받아들일지 여부를 교회에 묻게 될 것이다. 만약 교회가 허락하면 목회자는 공적인 기도에서 그를 하나님께 위탁하고 이 범죄자의 죄를 분명하게 밝혀야 하며, 온 교회에 예수 그리스도를 위하여 은혜와 자비를 달라고 하나님께 간구해야 한다. 이 기도가 끝나면 목회자는 교회 회중에게 권고해서 이 회개한 형제를 기쁘게 영접하도록 해야 한다. 자신들이 죄를 범했을 때 하나님께 받아달라고 간구하는 것과 마찬가지로 마땅히 그래야 한다는 것이다. 그리고 그들의 승낙의 표시로, 교회의 장로들과 중심인물들이 회개한 자를 손으로 붙들고 전체를 대표하여 한두 명이 예수 그리스도의 지체로서 그를 존중하는 진지한 태도로 끌어안고 입 맞추게 될 것이다.

그런 다음 목회자는 화목하게 된 이 사람을 권면하여, 이후로 사탄에 포획당해 같은 범죄에 빠지지 않게 항상 조심하도록 경계시켜야 한다. 사탄이 끊임없이 모든 방법을 동원해서 회개한 자가 하나님과 그분의 아들 예수 그리스도의 법에 순종하지 못하도록 유혹할 것이라는 점을 경고해야 한다. 이러한 권고가 끝나면 목회자는 형제의 회심과 예수 그리스도를 통해 우리가 받은 은혜에 대해 공개적으로 하나님께 감사를 돌리고, 그 은혜가 더욱 확장되고 지속되게 해달라고 간구해야 한다.

목사회 혹은 교회에 출석한 후에 이 회개한 자가 우리 신앙의 중요한 핵심들, 특별히 믿음으로 의롭게 된다는 조항과 예수 그리스도의 사역에 대해 무지한 것이 드러날 경우에는, 그를 받아들이기 전에 이에 대해 정확하게 교육해야 한다. 사람들이 죄를 회개한다고 해서 자신들의 치유책이 어디에 있는지 알지도 못하는 자들을 회개한 자로 받아들이는 것은 하나님을 조롱하는 것이기 때문이다.

누구든지 치리에 순복해야 한다

이 나라 안에 있는 어떤 신분의 사람이든지, 그가 지배자이든 피지배자이든, 설교자이든 교회 안에 가장 낮은 자이든 모두 죄를 범했을 경우 치리에 순복해야 한다. 그리고 교회의 눈과 입은 최대한 한결같아야 하고 비난받아서는 안 되기 때문에, 목회자들의 삶과 언행은 할 수 있는 한 신중해야 한다. 이에 대해서는 목회자를 도와서 교회의 공적인 일들을 담당할 장로와 집사의 선출에 관해 다루고 난 다음 추후에 다룰 것이다.

제8항 장로와 집사의 선출에 관하여

교회 안에 있는 사람들 가운데 하나님의 말씀에 관한 지식이 탁월하고, 매우 정결한 삶을 살고, 신실하고, 그 언사가 정직한 사람들을 추천하여 선거에 부쳐야 한다. 목회자는 이들의 이름을 전체 교회에 공지하고, 이들 가운데 장로와 집사를 선출해야 한다는 것을 알려야 한다. 만약 추천을 받은 사람들 중 누구라도 공개적인 오명을 받고 있는 것이 드러나면 그는 배제되어야 한다. 부패의 종이 하나님의 교회에서 무언가를 판단할 권한을 갖는 것은 어울리지 않기 때문이다. 누구라도 교회 내에 추천받은 사람들보다 더 훌륭한 자질을 갖춘 사람들을 알고 있다면 그들도 선거에 부쳐 교회가 선택할 수 있도록 해야 한다.

만약 교회 구성원이 너무 적어서 그들 중에서 장로와 집사를 선출하기가 어렵다면 인접한 교회에 합류할 수 있다. 목회자도 없고 교회 체제도 확립되지 않은 다수의 교회들은 교인들을 견고하게 세우기보다는 상처를 입히기 쉽기 때문이다.

장로와 집사를 선출하는 일은 매년 _{우리는 8월 1일이 가장 편리하다고 생각한다} 이루어져야 하는데, 이는 직분자들이 그 직분을 오랜 기간 맡음으로써 교회의 권리를 이용하지나 않을까 하는 우려 때문이다. 한 사람이 일 년 이상 직분을 맡는 것이 불가능한 것은 아니고, 모두가 자유롭게 참여하는 선거를 통해 매년 재선될 수 있다. 하지만 집사와 회계 담당자는 3년의 공백기를 갖지 않고서는 같은 직분을 맡을 수 없다.

어떻게 하면 투표권자들을 최고로 잘 응대해서 모든 사람이 자유롭게 자신의 투표권을 행사하게 하고 모든 교회들이 가장 좋아 보이는 사람들을 택해 교회 체제를 갖출 수 있게 할 것인가?

선출된 장로들은 그들의 직무에 대해 권고를 받아야 한다. 그 직무는 목회자를 도와 교회의 모든 공적인 일을 행하는 것이다. 즉 사안들에 대해 판단하고 분별하는 일, 방종한 자들을 훈계하는 일, 그들의 책임 아래 있는 모든 사람들의 언행과 품행에 관한 일이 이에 포함된다. 장로들의 진중함으로써 방종한 자들의 경박하고 고삐 풀린 삶을 교정하고 제어해야 되기 때문이다.

참으로 장로들은 목회자들의 생활, 품행, 성실성,

연구에 유념해야 한다. 만약 목회자가 권고를 받아야 할 상황이라면 장로들은 그 시정을 권고하여 교정해야 한다. 그리고 그가 해임당해 마땅할 상황이라면 교회와 시찰감독의 동의를 받아 그를 해임함으로써 그의 범죄에 마땅한 처벌을 할 수 있다. 만약 목회자의 언행이 경솔하다면 장로들은 그를 훈계해야 한다. 목회자가 연구에 소홀하거나, 자신의 책무와 목양을 수행하지 못하거나, 효과적인 가르침을 주지 못할 경우, 그는 호된 질책과 교정을 받아 마땅하다. 만약 목회자가 이 훈계에 대해 완강하게 불복한다면 그 교회의 장로들은 인접한 두 교회의 목사회에 호소하여, 그곳에 있는 보다 진중한 사람들이 그를 권고하도록 할 수 있다. 만약 이들의 권고에도 불복한다면 이 목회자는 목사직에서 해임되어 마땅하며, 그가 회개할 때까지 복직은 이루어질 수 없다.

만약 목회자가 매춘, 간통, 살인, 학살, 위증, 이단적 가르침 등등 사형을 당해 마땅한 뚜렷한 범죄에 연루되어 있거나 계속해서 악명을 듣고 있다면 그는 영구적으로 해임되어야 한다. 이단이라는 말은 우리 신앙의 기초와 원리에 대적해서 분명하게 가르쳐지고 완강하게 옹호되는 유해한 교리를 뜻한다. 우리는 이러한 범죄가 목회직에서 영구적으로 해임당하기에 마땅한 범죄라고 판단한다. 이단이라는 전염병에 감염된 사람에게 양떼를 맡기는 것이야말로 가장 위험한 일이기 때문이다.

또 다른 어떤 범죄들에 대해서는 목회자가 보다 진중하고 정직한 태도를 보여줄 때까지 한시적으로 해임 처분을 내릴 수 있다. 목회자가 술에 빠져 있거나, 말다툼이나 싸움이 잦거나, 공개적인 비방을 일삼거나, 이웃을 중상하거나, 당파적이고 불화의 씨앗을 뿌린다면 교회는 그가 회개의 표시를 분명하게 할 때까지 목회직에서 물러나라고 명하게 될 것이다. 그리고 교회는 새로운 목회자 선출을 진행하기 전에 적절하다고 생각되는 20일 혹은 그 이상의 기간 동안 그를 기다려 주게 될 것이다.

모든 개별 교회들은 장로 중 한 사람과 집사 중 한 사람을 통해 매년 한 차례 자기 교회의 목회자의 생활과 품행, 연구, 성실성에 관해 시찰감독이 있는 교회의 목사회에 보고하게 될 것이다. 이렇게 해서 몇몇 사람들의 판단력으로 다른 사람들의 경박함을 교정할 수 있게 될 것이다.

교회는 목회자들의 생활과 품행뿐만 아니라 그들의 아내, 자녀, 가족의 [생활과 품행]까지도 견책과 판단 아래 두어야 한다. 목회자가 방만하게 살지는 않는지, 탐욕스럽지는 않은지 판단해야 하고, 생활비로 주어진 사례금을 어떻게 사용하는지에 대해서도 살펴보아야 한다. 적절한 사례가 주어지는데도 그들이 탐욕스럽게 산다면 그들이 받는 사례금에 맞게 살도록 권고해야 한다. 목회자가 절제하지 못하고 분수에 넘치는 모습이 용납되지 않듯이, 그리스도의 종들, 특별히 교회의 부담으로 먹고 마시는 자들이 탐욕스럽고 돈과 의복에 지나친 집착을 보이는 것 또한 전적으로 비난받아 마땅하다. 우리는 목회자들이 대폿집이나 선술집에 들락거리는 것이 부적절하고 용인될 수 없다고 생각한다.

목회자에게 조언과 판단을 해달라고 당국이 요청했거나 교회의 파송을 받은 일시적인 경우가 아니라면 목회자가 법정에 자주 들락거리는 것 또한 허용될 수 없다. 또한 목회자는 세속적인 일을 다루는 의회의 일원이 될 수 없고, 그 목적에 적절한 사람으로 판단되어서도 안 된다. 그가 요청을 받고 의회를 돕는 경우가 아니라면 목사직을 사임하든지 그가 내켜서 그만두지는 않을 것이다, 세속적 직무를 그만두든지 해야 한다.

집사의 직무는 앞에서도 말했듯이 지대를 거두어들

이고 교회의 구제금을 모아서, 교회의 목사회가 정한 바에 따라 그것들을 관리하고 분배하는 것이다. 집사들은 또한 목사와 장로들의 판단을 도울 수 있고, 교회의 필요가 있고 또 그들에게 그럴 만한 자격이 있다고 여겨질 때는 예배에서 성경을 낭독할 수도 있다.

장로와 집사, 그리고 그들의 아내와 가족은 목회자에게 적용되는 것과 동일한 견책의 적용을 받아야 한다. 왜냐하면 그들은 자신들의 직무에 신중을 기해야 하고, 또 자신들이 다른 사람들의 품행을 판단하는 사람이라는 점을 고려할 때 자신들의 언사는 비난받을 만한 것이 없어야하기 때문이다. 그들은 건전하고, 겸손하고, 화합과 평화를 사랑하고 지키는 사람들이어야 한다. 그래서 결국 다른 사람들에게 경건의 모범이 되어야 한다. 그리고 만약 그들에게 이와 상반되는 점들이 보인다면, 그 과실이 은밀한 것일 때는 목회자나 목사회의 몇몇 형제들이 그들을 훈계해야 하고, 그 과실이 공개적으로 알려진 때에는 목사회 앞에서 그들을 책망해야 한다. 앞에서 목회자를 상대로 기술된 것과 동일한 절차대로 장로와 집사에게도 시행되어야 한다.

우리는 장로와 집사들에게 공적인 급료를 지불할 필

요가 없다고 생각한다. 왜냐하면 그들의 수고는 일 년에 한정된 것이고, 또한 그들은 교회의 일에만 전념하는 사람들이 아니라 적절하게 가정을 돌보는 일을 겸할 수 있기 때문이다.

제9항 교회 정책에 관하여

정책이라는 말로 우리는 교양이 없고 무지한 자들을 지식으로 이끌고, 배운 자들에게는 더 큰 열정을 불러일으키고, 교회에 선한 질서를 유지하는 것과 같은 일들을 교회가 실행하는 것을 일컫는다. 여기에는 두 종류가 있다. 하나는 정말 필수적인 것으로, 말씀이 바르게 선포되고 성례가 올바르게 거행되고, 공동의 기도가 공적으로 이루어지고, 어린이들과 배우지 못한 사람들이 신앙의 주요 요점에 대해 배우고, 죄를 범한 자들이 교정을 받고 처벌받게 하는 것이다. 이러한 것들은 필수적이어서 이런 것들이 없이는 가시적 교회의 면모가 없다고 할 수 있다. 다른 하나는 필수적인 것은 아니지만 유익한 것이다. 시편을 찬송하는 것, 설교가 없을 때는 성경의 어떤 구절을 읽는 것, 한 주간의 어떤 날이든, 적은 사람이든 많은 사람이든 교회에 모이는 것 등이다. 이런 것들에 관해서 구체적으로 어떤 질서가 확립될 수 있을지 우리가 알 수는 없다. 어떤 교회에서는 시편을 자주 찬송할 것이고, 다른 교회에서는 아마 그러기 어려울 것이다. 어떤 교회는 매일 모이고 또 어떤 교회는 일주일에 두세 번, 또 다른 교회에서는 어쩌면 한 번만 모일 것이다. 이런 것들에 대해서는 개교회가 협의해서 자신들만의 정책을 정하면 된다.

대도시에서는 매일 설교가 있거나 혹은 성경을 읽고 공동기도문으로 기도를 하거나 하는 것이 좋다고 생각한다. 어떤 날에 공개 설교가 있어야 하는지, 또 어떤 날 공동기도문을 사용하여 기도해야 하는지를 우리가 요구하거나 적극 지지할 수는 없다. 그렇게 되면 우리가 사람들을 미신에 사로잡히게 만들어 그들이 마치 미사에 오듯이 기도회에 오게 만들거나, 혹은 사람들이 설교 전과 후에 이루어지는 기도는 기도가 아니라고 생각하게 만들 우려가 있기 때문이다.

제법 규모가 있는 도시에서는 주일 이외에 하루를 정해 설교와 기도를 할 것을 요청한다. 설교 시간에는 주인과 종 모두가 일체의 노동을 해서는 안 된다. 우리가 앞에서 언급했듯이 규모가 작은 도시에서는 교회의 전체 구성원들이 합의하여 질서를 세워야 한다. 하지만 주일 예배는 모든 도시에서 정오를 전후해서 엄격하게 지켜야 한다. 정오가 되기 전에 말씀이 선포되고 성례가 거행되어야 하며, 결혼식이 있는 경우에는 이 또한 엄숙히 거행되어야 한다. 정오가 지나고 나면 회중 앞에서 어린아이들을 위한 교리문답 교육이 진행되어야 하는데, 이때 목회자는 제시된 질문과 대답을 회중이 이해할 수 있도록 최선의 노력을 기울여, 이를 통해 사람들이 교리를 정리할 수 있도록 해야 한다. 매 주일 어떤 절차에 따라 얼마나 많이 실시해야 하는지는 이미 『제네바예식서』에 명시되어 있다. 여기 나와 있는 교리문답이 지금까지 교회에서 사용되어 온 것들 중 가장 완벽한 것이다.[17] 세례의 경우 오전에 그 진행이 어려울 때는 오후에 거행할 수도 있다. 주일 오후에 설교나 교리문답이 없이 기도회만 열릴 수도 있다.

성례를 언제 거행할 것인지 정하는 것은 교회의 정책과 관련된 일이다. 세례는 말씀이 선포될 때면 언제든 거행될 수 있다. 하지만 우리는 주일이나 기도하는 날, 오직 설교가 선포된 이후에만 거행하는 것이 더 적절하다고 생각한다. 부분적으로는 아이들이 세례를 받지 않고 죽으면 저주를 받는다고 잘못 생각하는 전반적인 오류를

---

[17] 『제네바예식서』로 묶여서 출간된 칼뱅의 교리문답을 가리킨다.

피하기 위해서이고, 또 부분적으로는 사람들이 더욱 경외심을 가지고 성례에 참여하도록 하기 위해서이다. 우리는 이러한 약속의 성례들이 빈번하게 반복된다는 이유로 사람들이 이미 타성에 빠져들고 있는 것을 보게 된다.

　우리는 성만찬은 일 년에 네 차례 거행하면 충분하다고 생각한다. 이 점이 명확하게 되어, 횟수에 대한 미신을 최대한 피할 수 있기를 바란다. 마치 부활절이라는 시기가 성례에 특별한 효력을 주거나 하는 양 사람들이 부활절이 되면 얼마나 미신적으로 성만찬을 행하고 있는지, 그리고 다른 때는 얼마나 무신경하고 태만한지 여러분이 모르지는 않을 것이다. 성만찬이 마치 부활절에만 관련이 있고 다른 시기에는 아무런 관련이 없는 것처럼 행동하고 있다. 따라서 우리는 3월, 6월, 9월, 12월 첫째 주일에 각각 성만찬을 거행하는 것이 가장 적절하다고 생각한다. 우리는 개교회가 합리적인 이유로 시간을 변경할 수 있고, 목회자가 더 자주 거행할 수도 있다는 사실을 부정하지 않지만, 미신을 억제하기 위해 노력한다. 모든 목회자는 무지한 사람들의 기호에 맞추기보다는 그들을 가르치는 데 더욱 마음을 쓰고, 또 이 위대한 신비의 사용과 효력에 대해 무지한 자들을 그 신비에 받아들이는

데 있어서 관대하기보다는 엄격하게 검증해야 한다. 그러므로 우리는 검증을 통과하기 전에는, 특히 신앙에 대한 지식이 의심스러운 자들에게는 성만찬이 베풀어져서는 안 된다고 생각한다. 주기도문, 신앙의 주요 조항들을 공식적으로 말할 수 없고 율법의 요지를 밝힐 수 없는 사람은 누구라도 이 신비에 받아들여질 수 없다고 생각한다.

더 나아가 우리는 모든 교회가 필수적으로 영어로 된 성경을 가지고 있어야 하고, 그래서 사람들에게 모여서 교회가 정한 성경 본문을 쉬운 언어로 읽고 해석하는 것을 들으라고 요구할 수 있어야 한다고 생각한다. 성경을 자주 읽음으로써 저주받을 로마가톨릭교회의 교리에 온통 넘쳐나는 이 총체적인 무지가 부분적으로나마 제거될 수 있을 것이다. 우리는 성경이 순서대로 읽혀야 한다고 생각한다. 즉 구약과 신약성경의 한 책을 택하여 순서대로 끝까지 읽어야 한다. 우리는 설교도 마찬가지여서, 목회자가 대체로 한 본문에 집중해야 한다고 생각한다. 왜냐하면 성경의 이곳저곳을 생략하고 넘나들면서 읽고 설교하는 것은 한 본문을 계속해서 따라가는 것보다 교회를 훈도하는 데 유익하지 않다고 생각하기 때문이다.

모든 가장은 자녀들, 종, 가족에게 그리스도교 신앙의 요점들을 직접 가르치든지 다른 사람을 통해 가르쳐야 한다. 이에 대한 지식이 없이는 그 누구도 우리 주 예수의 식탁에 받아들여질 수 없다. 이런 사람들은 우둔하고 무지하여 스스로 깨달을 수도 없고 성만찬의 신비와 위엄을 알지도 못하기 때문에, 그 식탁을 합당하게 먹고 마실 수 없다. 따라서 우리는 적어도 매년 목사와 장로들이 교회의 모든 구성원들의 지식을 공개적으로 검증하는 것이 필요하다고 생각한다. 다시 말해 모든 가장과 (성년에 이른 모든) 가족이 목회자와 장로들 앞에 나와 자신들의 신앙을 고백하고 목회자들이 요구하는 대로 신앙의 주요 요점들에 대해 답해야 한다. 신앙의 조항들에 무지한 자들, 하나님의 명령을 이해하지도 못하고 설명하지도 못하는 자들, 어떻게 기도할지도 모르는 자들, 자신들의 의로움이 어디에 기초하고 있는지 모르는 자들은 주님의 식탁에 받아들여져서는 안 된다. 그리고 그들이 계속해서 완고함을 보이고 그 자녀와 종들이 고의로 무지에 계속 머문다면 이런 자들은 교회가 치리해서 파문시켜야 한다. 그런 다음 이 사안은 시 행정관에게 회부시켜야 한다. 의인은 그 믿음으로 말미암아 살고, 예수 그리스도에 대한 지식으로 우리가 의롭게 된다는 점을 고려할 때, 우리는 누구라도 하나님의 교회의 구성원으로서 계속해서 무지 가운데 살도록 내버려 두는 것은 참을 수 없는 일이라고 생각한다.

더욱이 남자, 여자, 어린아이들이 시편 찬양을 연습하도록 권고해서, 교회가 모여 노래할 때 같은 마음과 목소리로 함께 하나님을 찬양할 수 있게 해야 한다.

각 가정에서 가장 진중하고 신중한 사람이 아침과 밤에 다른 사람들을 위로하고 가르치기 위해 공동기도문을 읽는 것이 좋다고 생각한다. 하나님의 손이 여러 가지 재앙들로 지금 우리를 치고 있는 것을 볼 때, 만약 우리가 이전의 감사치 못함을 회개하지 않고 그분의 이름을 진지하게 불러 그의 능력(과 큰 자비)을 구하지 않는다면, 그리고 우리가 그를 향해 진심으로 돌아서서, 지금 우리의 죄악 때문에 우리 머리위에 매달려 있는 이 끔찍한 재앙들을 제거하지 않는다면, 그것은 그분의 심판을 경멸하는 것이고 그분의 진노가 우리를 향해 더욱더 불타오르게 만들 것이다. "오! 주님, 우리를 고치소서. 그리하시면 우리가 낫겠나이다"렘 17:14 참조.

설교와 성경해석에 관하여

하나님의 교회가 사람들의 지식, 견해, 장점, 그리고 언변을 시험할 목적으로, 그리고 하나님의 말씀을 얼마간 깨우친 사람들이 때때로 더욱 완전하게 자라 교회가 필요로 하는 일들을 감당할 수 있도록 할 목적으로, 학교와 학식 있는 자들의 모임장소가 있는 모든 도시에서는 일주일 중에 하루를 정해 매주 바울 사도가 예언이라고 부른 성서연구모임을 하는 것이 꼭 필요하다. 그 규칙에 대해서는 바울이 이렇게 밝히고 있다. "예언하는 자는 둘이나 셋이나 말하고 다른 이들은 분별할 것이요. 만일 곁에 앉아 있는 다른 이에게 계시가 있으면 먼저 하던 자는 잠잠할지니라. 너희는 다 모든 사람으로 배우게 하고 모든 사람으로 권면을 받게 하기 위하여 하나씩 하나씩 예언할 수 있느니라. 예언하는 자들의 영은 예언하는 자들에게 제재를 받나니"고전 14:29-32. 사도의 말에서 고린도에서 이러한 목적을 위해 교회가 모였을 때 성경의 특정 부분을 읽고, 그 구절에 대해 첫 번째 사람이 청중을 가르치고 위로하기 위해 자신의 견해를 제시하면, 또 다른 사람이 앞사람이 말한 것을 추인하거나 그가 빠뜨린 것을 보충하거나 온화하게 수정하거나 혹은 앞사람이 온전히 밝히지 못한 사실에 대해서 보다 정확하게 설명하거나 했다는 것이 분명하다. 첫째 사람이나 두 번째 사람이 밝히지 못한 것이 있을 때는 세 번째 사람이 교회의 덕을 함양하기 위하여 자신의 견해를 제시할 수 있었다. (성경본문이 보여주듯이) 혼란을 피하기 위해서 세 명 이상은 허용하지 않았다.

우리는 이와 같은 예언모임이 오늘날 스코틀랜드의 하나님의 교회에 가장 필요한 것이라고 밝히는 바이다. (이미 말했듯이) 이것을 통해 교회가 공동체 안에 있는 모든 사람의 장점과 언변에 대해 알고 판단할 수 있게 될 것이고, 지식이 부족한 사람들과 어느 정도 지식을 갖춘 사람들을 격려하여 매일 공부하여 지식을 확장하도록 할 수 있을 것이다. (이 예언모임은 교회에 등록된 모든 구성원들이 듣고 배울 수 있도록 열려 있어야 하므로) 이를 통해 교회가 덕을 함양하게 될 것이다. 그리고 모든 사람들은 자신의 견해와 지식을 말하고 분명히 밝히는 자유를 통해 교회를 위로하고 세울 수 있게 될 것이다.

그렇지만 이처럼 유익한 예언모임이 논쟁과 다툼을 일으키지 않도록, 호기심에 찬 야릇하고 무익한 질문들은 피해야 한다. 우리 신앙의 원칙과 어긋나는 해석, 사랑에 상반되는 해석, 성경의 명백한 구절과 분명히 배치되는 해석은 모두 거부해야 한다. 이 예언모임에서 해석자는 비록 목회자라 하더라도 대중 설교자의 자유를 누려서는 안 된다. 해당 성경본문에 집중해야지 이곳저곳으로 탈선해서 진부한 설명을 늘어놓아서는 안 된다. 그는 이단을 냉철하게 논박하는 경우가 아닌 한 이 예언모임에서 독설을 해서는 안 된다. 권고와 훈계는 짧게 하고, 해당 성경본문을 좇아, 청중들을 가르치고 교화할 수 있는 해석들을 개진하면서 성령이 하시고자 하는 말씀을 밝히는 데 시간을 써야 한다. 논쟁을 피하기 위해, 해석자나 모임에 참가한 사람들 중 누구라도 다른 사람과 더불어 추론하는 과정 없이는 스스로 어떤 해답도 제시할 수 없는 질문을 청중들에게 공개적으로 내놓아서는 안 된다. 모든 사람은 교회를 든든히 세울 수 있도록 자기 자신의 견해를 밝혀야 한다.

누구라도 호기심에 빠진 견해를 내놓거나 이상한 교리를 제시하는 경우에는 그 해석이 끝나는 즉시, 조정자 역할을 하는 목회자와 장로들에게 훈계를 받아야 한다. 이 예언모임의 구성원 모두가 함께 모여, 해석자들이 그 사안을 어떻게 다루고 전달했는지 검증해야 한다. 모든 사람들이 비평을 내놓을 때까지 해석자들은 그 자리를 떠나 있게 될 것이고, 비평이 끝난 다음에 그들을 불러 그 오류^{주목할 만한 것이 발견될 경우}를 지적하고 온화하게 훈계해야 한다. 이 마지막 모임에서 (제기된) 모든 질문과 의문이 다툼 없이 해결되어야 한다.

　모든 주요 도시에 인접한 시골의 교구교회 목회자들과 낭독자들이 만약 성경해석에 은사가 있다면, 6마일 이내에 있는 도시의 예언모임 참가자들을 돕고 협력해야 한다. 그렇게 해서 그들도 배울 수 있고, 다른 사람들도 그들을 통해 배울 수 있게 될 것이다. 더욱이 잘 활용하면 교회에 덕을 끼칠 수 있는 은사를 지닌 것으로 여겨지는 사람들이 있으면 목회자들과 장로들이 해석자들의 모임에 참여하도록 지시해야 한다. 그렇게 해서 교회는 이들이 하나님의 영광을 위해 봉사할 수 있는지, 목회자의 소명을 받아 교회에 유익을 줄 수 있을지 판단할 수 있을 것이다. 그리고 불순종하는 사람이 있어 하나님이 주신 은사와 영적 선물들을 형제들과 나누려 하지 않는다면 충분히 책망한 후에, 시 행정관이 교회의 판결과 표결에 동의한다는 조건으로 치리를 진행해야 한다. 어느 누구도 하나님의 교회 안에서 자신의 유익만 좇아서 살 수 없고, 모든 사람은 형제애적인 권고와 교정을 받아, 다른 사람들의 교화를 위해 교회가 필요로 할 때 헌신해야만 한다.

예언모임을 위해 일주일 중 언제가 가장 좋을지, 성경의 어느 책을 읽는 것이 가장 유익할지와 같은 문제에 대해서는 개교회의 판단, 즉 목회자와 장로들의 지혜에 맡긴다.

결혼에 관하여

하나님의 은총 입은 법령인 결혼이 이 가증스러운 교황체제 안에서 부분적으로 업신여김을 받아왔고 또 부분적으로는 그 토대가 불안정해진 탓에, 감독과 고위성직자가 결혼 무효 명부에 올려 버리면, 결혼으로 결합된 사람들이 그 결혼의 계속성을 확신할 수 없게 되었기 때문에, 우리는 어떻게 해야 빠른 시일 내에 이런 혼란을 피할 수 있을지에 대해 우리의 생각을 밝히는 것이 좋다고 생각하게 되었다.

먼저 공개적인 금지령을 내려, 자녀들처럼 다른 사람의 영향력과 권위 아래 있는 사람들과, 후견인 아래 있는 사람들은 남자든 여자든 모두 부모나 보호자 혹은 후견인의 영향력 아래 있는 동안 그들 모르게 몰래 결혼 계약을 맺을 수 없게 해야 한다. 만약 그들이 비밀 결혼을 한다면, 교회는 그들에 대한 견책과 치리를 진행해야 한다. 만약 자녀들이나 또는 다른 사람들이 결혼하고 싶은 열망으로 가득할 경우, 그들은 부모에게 자신들의 감정을 알리고 어떻게 해야 하나님이 기뻐하는 방식으로 결혼을 진행할 수 있을지 조언과 도움을 요청하여 경의를 표해야 한다. 아버지, 친구 혹은 후견인이 그들의 요청을 받아들이지 않고 거기에 일반적인 이유_{즉 재산이 없거나 기대에 못 미치는 집안 출신이거나} 외에 다른 이유가 없다고 하더라도, 마음을 나눈 당사자들은 하나님의 교회에 추후 다른 입장이 표명될 때까지 어떠한 언약도 맺어서는 안 된다. 따라서 당사자들은 부모나 자신들을 책임지고 있는 사람들에게 자신들의 마음을 알린 후에는 반드시 이 사실을 목회자나 시행정관에게도 분명히 밝혀서, 자신들에게 꼭 필요한 부모의 동의를 받을 수 있도록 부모들을 설득해 달라고 부탁해야 한다. 다시 말해 행정관이나 목회자들이 이 결혼이 성립될 수 없는 정당한 이유를 발견하지 못할 경우, 아버지, 친구, 후견인, 상급자에게 그 누구도 하나님의 일을 방해해서는 안 된다고 충분히 권면한 다음에, 목회자나 행정관이 부모를 대신해서 당사자들의 정당한 요구를 받아들여 그들의 결혼을 허락할 수 있다. 왜냐하면 하나님의 일은 세속적인 인간의 부패한 편견에 의해 방해받아서는 안 되기 때문이다. 우리가 하나님의 일이라 일컫는 것은 (이전에 어떠한 부정한 일도 범한 적 없는) 두 마음이 연합되어, 두 사람이 거룩한 결혼의 결속 안에서 함께 살아가기로 합의할 때이다.

만약 어떤 남자가 결혼하겠다고 요청한 여자와 간통을 범하면, 두 사람은 앞에서 언급한 교회와 행정관이 제공할 수 있는 어떠한 혜택도 얻지 못할 것이다. 교회나 행정관 모두 부정한 간통자들을 위한 중재자나 변호인이 될 수는 없기 때문이다. 그러나 처녀성을 잃은 딸을 둔 아버지나 가까운 친구는 위법을 범한 남자에게 하나님의 율법에 따라 자신의 딸과 결혼하도록 강제할 권한을 갖게 된다. 혹은 아버지가 그 남자의 범죄를 이유로 그를 받아들이지 않고자 한다면 아버지는 딸의 지참금을 요구할 수 있다. 그리고 이 범죄자가 그 지불 능력이 없을 경우에는 시 행정관이 그의 신체를 처벌해야 한다.

그리고 간통, 매춘, 간음이 이 나라에서 가장 일반

적인 죄이기 때문에 우리가 영원하신 하나님의 이름으로 여러분에게 요구하는 바는 하나님이 명하신 대로 그런 사악한 범죄자들에게 강력한 처벌을 내려달라는 것이다. 우리는 이러한 무도한 범죄들이 공개적으로 행해지면 사도가 말하듯이 하나님의 진노가 그 범죄자에게만 아니라 그런 범죄들이 아무런 처벌도 받지 않고 저질러지는 곳에까지도 임한다는 것을 의심하지 않기 때문이다.

    우리의 원래 논점으로 돌아가 보자. 결혼계약은 이해력이 부족해서 제대로 선택할 수 없는 사람들 사이에서 체결될 수 없다. 따라서 우리가 확신하는 바는 어린아이들과 유아들은 그들의 연소함 때문에 합법적으로 결혼할 수 없다. 즉 남자는 14살 미만, 여자는 적어도 12살 미만일 경우에 이에 해당한다. 어쩌다가 이런 일이 일어났더라도 두 사람이 계속해서 따로 떨어져 지내왔다면, 우리는 약속을 이유로 남편과 아내로 붙어서 지내라고 판결할 수 없다. 그 약속은 결코 하나님 앞에서 이루어진 약속이 아니었다. 그러나 만약 우리가 판단을 내리기 위해 모색하고 있는 동안에 그들이 서로를 받아들였다면, 그들의 최근 합의를 근거로 그들은 자신들이 어릴 때 다른 사람들이 대신 체결했던 그 계약을 비준하게 된다.

개혁교회에서 결혼은 비밀리에 이루어져서는 안 되고, 교회의 회중 앞에서 공개적으로 이루어져야 한다. 그리고 위험을 피하기 위해서 (결혼 당사자들이 너무 잘 알려진 사람들이라서 어떠한 위험에 대한 의심도 제기되지 않고 따라서 결혼공고가 목회자의 판단에 따라 더 짧게 이루어질 수 있는 그런 경우가 아니라면) 이 결혼에 대한 공고는 3주 동안 행해질 필요가 있다. 그러나 우리는 당사자들이 아무리 존경할 만한 사람들이라 해도 결혼이 비밀리에 이루어지는 것은 결코 인정할 수 없다. 우리는 주일날 설교가 이루어지기 전이 결혼식을 위한 가장 적합한 시간이라고 생각하고, 전체 목회자들의 동의 없이는 다른 날 이루어져서는 안 된다고 생각한다.

일단 결혼이 합법적으로 맺어지면, 우리 주 예수 그리스도께서 말씀하셨듯이 간통이 범해지지 않는 한 사람이 마음대로 취소할 수 없다. 시 행정관 앞에서 간통의 죄가 충분히 입증되면 아무 잘못이 없는 쪽은 (그들이 원할 경우) 이 결혼계약에서 자유롭게 놓여나고, 죄를 범한 쪽은 하나님께서 명하신 대로 죽음에 처해져야 한다. 만약 세속의 칼이 어리석게도 그 범죄자의 생명을 보존한다면 교회는 그 소임을 소홀히 해서는 안 된다. 그 사악한 자들을 파문하고, 죽은 자들로 간주하고, 무고한 측에게는 자유를 공포해서, 그 범죄자들이 세상 앞에서 결코 떳떳할 수 없도록 해야 한다. (그렇게 되어서는 안 되지만) 그 범죄자들이 생명을 보전했을 경우, 그들에게서 오랜 동안 회개의 열매가 나타나고 그들이 교회에 받아들여지기를 진심으로 원한다면, 우리는 그들을 성례에 참여할 수 있도록, 그리고 교회의 다른 유익들을 누릴 수 있도록 받아들일 수 있다고 생각한다. (우리는 파문당했으나 하나님의 사면을 받은 자들, 즉 참회자들을 교회가 파문당한 상태 그대로 두기를 바라지 않기 때문이다.)

범죄자가 교회와 화해한 후에 다시 결혼할 수 없는지 누군가 묻는다면, 우리는 그들이 금욕적으로 살 수 없다면, 그리고 그들이 다시금 하나님의 진노를 일으킬까 두려워하게 하는 것이 우리의 관심사라면, 우리는 하나님이 명하신 치유책을 사용하지 못하도록 금지할 수 없다. 만약 피해를 입은 측이 범죄자와 화해할 수 있다면 우리는 범죄자가 이전에 피해를 입은 당사자가 아닌 다른 사람과 결혼하는 것은 결코 합법적일 수 없다고 판단한다. 나중에 이루어지는 결혼식은 첫 번째 결혼과 마찬가지로 교회에서 공개적으로 이루어져야 하지만 결혼공고는 없이 진행된다.

우리는 이처럼 미심쩍은 경우에 하나님께서 우리에게 주시는 최상의 권고로 이것을 제시하는 바이다. 그렇지만 여러분이 하나님께 영예와 영광을 돌리려면 가장 완벽한 개혁은 여러분이 자신의 부패한 판단보다 그분의 명백한 계명을 택하는 것이고, 특별히 그분이 사형을 명하신 그런 범죄를 벌할 때 그렇게 하는 것이다. 그렇게 함으로써 여러분은 자신을 하나님의 참되고 순종적인 신하로 분명하게 드러내고, 여러분의 나라도 헤아릴 수 없이 많은 고충에서 벗어나게 된다.

우리가 이전에 알지 못하던 때에 범한 (거의 망각에 묻혀 버린) 죄들을 다시 불러내어 조사하고 심판하겠다는 말은 아니다. 그러나 우리는 지금 이후로는 법이 확립되고 집행되어서, 이처럼 죄를 처벌하지 않는 사악한 일이 이 나라 어디에서도 있어서도 안 된다고 요구하는 것이다. 하나님에 대한 두려움으로 우리가 여러분께 말하고자 하는 바는 다음과 같다. 하나님께서 죽음을 명하신 죄에 대해 여러분에게 용서하도록 설득하는 사람은 그 누구라도 여러분의 영혼을 속이는 것이고 여러분으로 하여금 하나님의 주권을 침해하도록 부추기는 것이라는 점이다.

장례에 관하여

　장례는 모든 시대에서 존중되어 왔고, 매장된 그 몸이 완전히 소멸되는 것이 아니라 다시 살아난다는 것을 표현하였다. 이 나라에서도 우리는 똑같이 지켜 왔으며, 미신, 우상숭배, 그리고 무엇이든 그릇된 견해에서 비롯되거나 편의를 좇아 나온 것들이라면 모두 멀리할 것이다. 그 예로 미사의 읊조림, 죽은 자를 위한 저녁기도, 애도의 노래, 그리고 죽은 자를 위한 다른 모든 기도는 불필요하고 헛된 것일 뿐만 아니라 우상 숭배에 해당하는 것이고, 명백한 하나님의 말씀에 반ᚱ하여 이루어지는 것들이다. 분명한 것은 죽는 사람은 누구나 예수 그리스도에 대한 믿음 가운데서 죽거나 의심 가운데 죽거나 한다. 또 분명한 것은 예수 그리스도에 대한 참된 믿음 안에서 죽는 사람들은 우리 주님과 그의 사도가 우리에게 가르쳐 준 대로 이제 그 수고에서 벗어나 안식을 누리고 죽음으로부터 영원한 생명으로 옮겨 간다. 그러나 불신앙 혹은 의심 가운데 죽는 사람은 누구나 생명을 보지 못할 것이고, 하나님의 진노가 그 위에 임할 것이다. 그래서 우리는 죽은 자들을 위한 기도는 불필요하고 헛될 뿐만 아니라 명백한 성경말씀과 진리에 분명 어긋나는 것이라고 말한다.

온갖 성가신 논란을 피하기 위해 우리는 장례 때에 일체의 노래나 낭독을 하지 않는 것이 최선이라고 생각한다. 비록 노래하고 낭독하는 것들이 참석한 일부 사람들에게 죽음을 준비할 수 있도록 깨우침을 줄 수는 있지만, 일부 미신적이고 무지한 사람들은 살아 있는 사람들의 노력이나 노래나 낭독이 죽은 자에게 유익을 끼칠 수 있다고 생각할 수 있기 때문이다. 그러므로 우리는 노래나 낭독 없이 교회의 진실한 사람들과 함께 죽은 자를 매장지로 옮기는 것이 가장 적절하다고 생각한다. 지금까지 행해졌던 일체의 의례 없이 죽은 사람을 땅에 매장하되, 참석한 사람들이 하나님의 심판을 두려워하고 죽음의 원인이 되는 죄를 미워하는 것으로 여겨지는 그러한 엄숙함과 근엄함 가운데 행해져야 한다.[18]

우리는 일부 사람들이 장례에서 설교를 하거나 성경

---

[18] 이 단락에 이어 스코틀랜드 귀족들이 다음과 같은 주석을 덧붙였다. "그러나 그럼에도 불구하고, 우리의 입장이 그렇게 분명한 것은 아니지만 개교회들이 그 일과 관련하여 교회 목회자의 동의 아래 이런 것들을 사용하는 것은 괜찮다고 생각한다. 목회자는 이 일에 대해 하나님께 그리고 이 나라의 보편교회의 회합에서 답하게 될 것이다."

의 어떤 구절을 낭독함으로써 살아 있는 사람들이 자신들이 유한한 존재이고 죽을 수밖에 없다는 사실을 마음에 새기도록 해달라고 요구한다는 것을 모르지 않는다. 하지만 이들은 매일 이루어지는 설교가 바로 그 목적에 이바지하고 있다는 사실을 이해해야 한다. 만약 사람들이 이 사실을 얕보고 무시하면 장례식 설교가 그들로 하여금 자신들의 상황에 대해 경건하게 성찰해 보도록 만들기보다는 오히려 (앞에서 말했듯이) 미신과 그릇된 견해를 양산하게 될 것이다. 더욱이 목회자들이 장례 설교에 대부분 매달리게 되거나, 혹은 사람들을 차별해서 그들이 부자와 고관대작의 장례식에서는 설교를 하고 가난하고 비천한 사람이 죽었을 때에는 침묵을 지키게 될 것이다. 이것은 양심이 있는 목회자라면 할 수 없는 일이다. 하나님 앞에는 사람에 대한 차별이 없고 또 그들의 목회는 모두에게 똑같이 적용된다는 점을 볼 때, 그들이 목회와 관련해서 부자에게 하는 것이라면 무엇이든지 자신들이 책임을 맡고 있는 가장 가난한 사람들에게도 동일하게 행해야 한다.

다양한 논란거리들과 관계하여, 우리는 설교와 성례를 위해 지정된 교회가 매장지가 되는 것은 적절하지 않고, 한적한 곳에 있는 외지고 편리한 장소를 따로 정해야 한다고 생각한다. 이 장소는 담장으로 잘 둘러져야 하고 이 용도로만 사용되어야 한다.

교회의 보수補修에 관하여

하나님의 말씀과 성례의 거행이 장소의 부적절함으로 인해 모욕을 당하는 일이 없도록 교회와 사람들이 공적으로 모이는 장소는 문, 창문, 지붕을 신속히 보수해야 하고, 하나님의 말씀의 위엄과 사람들의 편리를 위해 필요한 것들을 구비해야 한다. 그리고 우리는 이와 관련하여 또 개인적인 편리함을 가져다주지 않는 다른 모든 것들에서, 사람들이 나태하다는 것을 알기 때문에, 보수를 언제 시작해서 언제 끝내야 할지 여러분이 지정해 주어 엄격한 책임을 부과하고 명령을 내려야 한다. 이를 소홀히 여겨 어기는 자들에게는 벌금을 부과해서 관용 없이 징수해야 한다.

보수작업은 교회의 재정능력과 인원수에 따라 진행될 것이다. 모든 교회는 문, 유리 창문, 비를 막을 수 있는 짚이나 슬레이트로 된 지붕, 사람들을 불러 모으는

종, 설교단, 세례반, 성찬상을 갖추어야 한다. 큰 교회와 회중이 많이 모이는 곳에서는 교회 안에 쾌적하고 넓은 공간을 마련해서 사람들을 맞아들일 수 있도록 수리가 이루어져야 한다. 그 비용은 목회자의 판단에 따라 일부는 회중에게서, 또 일부는 십일조에서 충당해야 한다.

성례를 모독하는 자들, 하나님의 말씀을 업신여기는 자들, 합법적으로 임명을 받지 않았는데도 감히 목사를 사칭하는 자들에 대한 처벌에 관하여

사탄은 처음부터 인류를 두 극단 중 하나로 꾀기를 멈춘 적이 없다. 다시 말해 인간이 보이는 피조물에 시선을 빼앗긴 나머지 자신들이 택함 받은 목적도 잊어버리고, 하나님이 그 피조물에게 부여하지도 않은 덕과 권능을 피조물에 돌리거나, 혹은 하나님의 신성한 법령과 거룩한 제도를 경멸한 나머지 마치 그것들을 올바로 사용해도 아무런 유익도 없고 설사 그것들을 악용한다고 해도 아무런 위험도 없다는 듯이 행하고 있다. 이런 방식으로 사탄은 처음부터 인류의 대부분을 눈멀게 해왔고, 그래서 우리는 사탄이 끝까지 이러한 악행을 지속하기 위해

발악할 것이라는 점을 의심치 않는다. 우리는 이 두 경우 모두를 지금껏 봐왔고 현재도 목격하고 있다. 미신의 어둠 가운데 있는 동안 대부분의 사람들이 그리스도의 몸과 피의 성례에 대해 어떤 견해를 지니고 있었는지 알려지지 않은 것은 아니다. 그것을 어떤 눈으로 바라보고, 무릎을 꿇고, 행렬을 지어 제공받고, 마침내 그것 자체가 예수 그리스도 자신인 양 숭배해 왔는지 알고 있다. 이렇게 해서 사탄이 이 저주받을 우상숭배에 사람들을 가두어둘 수 있는 동안, 사탄은 자신의 어둠의 왕국을 평화롭게 지키고 있는 자로서 고요함 가운데 거했다. 그러나 하나님의 자비가 감사하지 않는 세상에 하나님의 말씀의 빛과, 그분의 성례의 올바른 사용과 거행을 기꺼이 계시한 이후로, 하나님은 인간을 정반대로 시험하신다. (얼마 전까지만 해도) 사람들이 미사에서 우상 숭배의 모습을 보였고, 거짓맹세를 하고 삭발한 부류들이나 짐승의 표를 지닌 자들 이외에는 어느 누구도 미사에 대해 감히 말할 수 없었는데, 이제는 일부 사람들이 아무런 소명도 받지 않은 채로 대담하게도 (제멋대로) 공개적인 집회에서 성례를 베풀고 있다. 일부 몰지각한 자들은 감히 (더욱 사악하고 더욱 뻔뻔스럽게도) 참된 목회자들이 공개적으로 회중 앞에서 행하는 것을 자신들의 집에서 흉내 내어 위조하고 있다. 이들은 감히 집에서 존중하는 마음도 없이, 말씀 설교도 없이, 목회자도 없이, 단지 동료가 동료에게 전해주는 것 이상의 아무런 의미도 없는 일을 행하고 있다. 이러한 모독은 그리스도의 복음의 영광을 손상시키려는 목적으로, 그리고 주님의 거룩한 성례를 영구적으로 모독하기 위해 태초에 인간을 속인 뱀의 악의와 술책에서부터 나온 것이 틀림없다. 더욱이 여러분은 여러분에게 주어진 예수 그리스도의 복음을 그 자들 대부분이 얼마나 거만하고 완고하게 멸시하고 있는지 분명하게 볼 것이다. 여러분이 이들에게 단호하고 거세게 저항하지 않는다면, 우리는 성례를 모독하는 자뿐 아니라 명백하게 경멸하는 자들까지도 포함해서 말하고 있는데, 여러분은 오래지 않아 이들이 치명적인 원수가 되어 있는 것을 보게 될 것이다. 그러므로 영원하신 하나님의 이름으로 그리고 그의 아들 예수 그리스도의 이름으로 우리는 여러분에게 지체 없이 이런저런 자들에 대항하는 엄격한 법을 제정할 것을 요구한다.

    이런 자들에게 어떤 처벌을 내려야 하는지 우리가 여러분에게 구체적으로 명시하는 일은 없을 것이다. 하지만 이런저런 자들이 사형에 처해져야 마땅하다고 단언하지 못하게 될까 봐 우려된다. 왕의 인장, 서명, 화폐를 위조하는 자를 사형에 처하는 것이 마땅하다면 세상의 왕들 중 왕인 예수 그리스도의 인장을 명백히 위조하는 자는 어떻게 해야 되겠는가? 다리오 왕이 눈에 보이는 성전 건물의 재건을 감히 방해하려는 자에 대해 그 집에서 대들보를 빼내어 그 위에 그를 매달아 죽이라고 공표했다면, 하나님을 경멸하고 모독하는 자들, 오랫동안 미신과 끔찍한 우상숭배에 빠져 포로와 같이 붙들려 있던 하나님의 [영적인] 성전택함 받은 자들의 영혼과 육신을 예수 그리스도에 대한 참된 설교를 통해 정결하게 하는 일을 명백히 훼방하는 자들에 대해서는 우리가 뭐라 말해야 하겠는가? 만일 여러분이 (하나님이 금하시는데도) 참된 종교에 무관심하다면, 하나님은 여러분의 태만을 용인하지 않을 것이다. 따라서 우리가 진심으로 요구하는 바는 예수 그리스도를 완강하게 경멸하는 자들, 그 직무에 정당하게 부름을 받지도 않았으면서 그분의 성례를 감히 집행하려는 자들에 대해 엄격한 법률을 제정해야 한다는 것이다. 그렇게 함으로써 불경건에 맞서는 사람이 아무도 없어서 우리 모두에게 하나님의 진노가 임하는 일이 없도록 해야 한다.

로마가톨릭교회 사제들은 예수 그리스도의 성례를 베풀 권한도 권위도 없다. 왜냐하면 그들의 입에는 권고의 설교가 없기 때문이다. 그러므로 무지의 때에 그들이 강탈했던 성례 집례권에 대해 엄격한 정지 명령을 내려야 한다. 그들을 예수 그리스도의 진정한 목회자로 만드는 것은 그들의 머리에 관을 씌우는 것도, 십자가를 그려 기원하는 것도, 주교라 불리는 벙어리 개가 입김을 불어넣는 것도, 손으로 안수하는 것도 아니다. 하나님의 성령이 먼저 사람의 마음을 내적으로 움직여서 그리스도의 영광과 그의 교회의 유익을 추구하게 하시고, 그런 다음 (앞에서 말한 것처럼) 사람들의 추천, 학식 있는 자들의 검증, 그리고 공적인 승인을 거쳐야 말씀과 성례를 담당하는 합법적인 목회자가 되는 것이다. 우리는 개혁된 교회나 적어도 개혁적인 성향을 지닌 교회에서의 일반적인 소명에 대해 말하는 것이며, 하나님 자신이 직접, 자신만의 권한으로, 자신의 뜻에 가장 합하는 사람을 목회자로 세우는 그런 특별한 소명에 대해 말하는 것은 아니다.

결론

 이렇게 해서 우리는 지금까지 이 저주받은 로마가톨릭교회가 철저히 남용해 온 것들의 개혁에 관해, 우리가 명령받은 대로 위와 같은 몇몇 조항들로 여러분에게 우리의 견해를 제시하였다. 우리가 청원한 내용들 중 일부는 여러분이 언뜻 보기에 이상할 것이라 생각한다. 하지만 이 중대한 문제들과 관련해서 우리가 제시하고 있는 권고안들에 대해, 여러분이 단지 사람들을 향해서만이 아니라 영원하신 하나님과 그의 아들 예수 그리스도 앞에서 답하고 있는 우리 입장을 깊이 헤아려 본다면, 여러분은 우리가 하나님의 위엄을 거스르기보다는 땅에 있는 모든 사람의 노여움을 사는 쪽을 확실히 택할 수밖에 없다는 점을 어렵지 않게 알 수 있을 것이다. 그분의 정의는 아첨꾼과 기만적인 권고자들이 처벌받지 않는 것을 용인하지 않으신다.
 교회가 게으른 배불뚝이들을 먹여 살리는 일에 내몰리지 않고, 지금까지 폭력으로 유지되어 온 폭정을 뒷받침하지 않아도 되는 자유를 지녀야 한다고 우리가 요구하고 있다는 점이 많은 사람들의 심기를 건드릴 거라는 걸 알고 있다. 그러나 만약 우리가 이에 대해 침묵한다면 확신하건대 정의롭고 공의로운 하나님의 진노를 불러올 것이다. 그분은 사도를 통해 이렇게 말씀하셨다. "누구든지 일하기 싫어하거든 먹지도 말게 하라"살후 3:10. 만약 이와 관련하여 혹은 또 다른 문제를 다루면서 우리가 하나님이 명령하신 것 이외에 다른 어떤 것을 요구한다면, 여러분이 마땅히 보여주어야 할 공평과 선한 양심으로 그것을 지적한 다음 거부해 주기 바란다. 그렇지만 우리가 하나님이 명하지 않은 어떤 것도 요구하지 않는다면, 여러분은 그 손과 처벌을 결코 피할 수 없는 그분의 책임추궁에 어떻게 답할지 깊이 생각해야 한다.

만약 여러분이 하나님의 영광을 위한 열정으로 가득 차서 하나님의 억압된 교회를 자유와 해방 위에 세우려 애쓰기보다는, 그동안 그리스도의 가련한 양떼들을 전횡적으로 지배해 온 세속적인 친구들에 대한 맹목적인 애정 때문에 그들의 생계를 고려한다면, 우리는 여러분이 별안간 호된 질책을 받지 않을까 두렵고, 이 개혁을 시도하는 영광이 다른 사람들에게 옮겨질까 우려된다.

이러한 우리의 판단이 후대에 기록과 증언으로 전해

져서, 하나님이 얼마나 애정을 갖고 여러분과 이 나라에 회개를 촉구하셨는지, 그리고 하나님께서 여러분에게 어떤 권고자들을 보내셨고 여러분은 그들을 어떻게 대했는지 알 수 있을 것이다. 만약 여러분이 지금 하나님의 부르심에 순종한다면 우리는 그분께서 여러분의 가장 필요한 것들에 응답하실 것을 의심치 않는다. 하지만 만약 당신들이 스스로의 부패한 판단을 따르고 그분의 목소리와 부르심을 업신여긴다면, 우리가 확신하건대 여러분이 이전에 저지른 불법과 현재의 배은망덕이 합쳐져서 하나님의 정의로운 심판을 초래할 것이다. 많은 범죄와 오랜 무지 가운데 있던 우리에게 은혜와 자비를 베풀어 주셨는데 우리가 그것을 얕보아 거부할 때 하나님께서는 자신의 공의로운 심판을 오래 지체하지 않고 실행하는 분이다.

그러므로 우리 주 예수 그리스도의 아버지 하나님께서 성령의 능력으로 여러분의 마음을 밝혀 주셔서 무엇이 하나님을 기쁘게 하고 그분께 용납되는 것인지 여러분이 분명히 알게 되고, 하나님께 온전히 순종하게 되어 여러분 자신이 선호하는 것보다 하나님의 계시된 뜻을 택하게 되고, 그리고 불굴의 정신으로 여러분을 강하게 하셔서 여러분이 이 나라 안에서 담대하게 악을 벌하고 덕을 지킬 수 있게 되어, 하나님의 거룩한 이름을 찬양하고 영광을 돌리고, 여러분 자신의 양심이 위로와 확신을 얻고, 후손들에게 위로와 선한 본보기를 남길 수 있게 되기를 바란다. 아멘.

    여러분의 가장 보잘것없는 종들이
    에든버러에서 1560년 5월 20일

비공개회의의 결정, 1560년 1월 27일[19]

이 책을 시작하면서부터 언급했듯이, 여러 항목들을 세세하게 명시하여 권고하고 있는 이 문서에 서명한 우리는 이 문서가 모든 점에서 선하고 하나님의 말씀에 합하는 것이며, 거기에 덧붙여진 메모와 추가사항과도 부합한다고 생각한다.[20] 그리고 우리는 힘이 닿는 한 최대한 이 문서가 시행될 수 있도록 노력할 것을 약속한다. 주교들, 크고 작은 수도원 원장들, 그리고 다른 고위 성직자들과 그 밖에 우리와 인접한 지역의 성직자들은 평생 자신들의 성직록을 고정적으로 받는 한, 여기서 우리가 상술한 대로 목사회와 목회자들을 지원하고 뒷받침해서 말씀의 설교와 하나님의 성례의 거행이 잘 이루어지도록 해야 한다.

---

19 이 날짜는 그 당시에 사용되던 옛 달력(舊曆)에 따른 것으로, 이 달력에서는 새해가 3월 25일에 시작된다. 신력(新曆)에 따라 계산하면 1561년 1월 27일에 해당한다.
20 귀족들이 덧붙인 메모들은 각주 3번에서부터 볼 수 있다.

(이에 서명한다)

James [Duke of Châttelherault]

James Hamilton

Archibald Argyle

James Stewart

Rothes [Andrew, Earl of Rothes]

James Haliburton

Robert Boyd

Alexander Campbell, Dean of Moray

William of Culross

Master Alexander Gordon

Bargany Younger [Thomas Kennedy, of Bargany]

Andrew Ker of Faldonside

Thomas Scott of Hayning

John Lockhart of Bar

George Corrie of Kelwood

John Schaw of Haly

Andrew Hamilton of Lethame

Glencairn [Alexander, Earl of Glencairn]

Ochiltree [Andrew, Earl of Ochiltree]

Sanquar [Edward, Lord Crichton of Sanquar]

St. John [James Sandilands, Lord St. John]

William Lord Hay

Drumlanrig [Sir James Douglas of Drumlanrig]

Cunninghamhead [William Cunningham of Cunninghamhead]

John Maxwell

George Fenton of that Ilk

Lochinvar [Sir John Gordon of Lochinvar]

제 2 장

『제2치리서』(1578)

제1항 교회와 그 정치체제 일반, 그리고 국가 정치체제와의 차이점에 관하여

제2항 교회 정치체제의 구성요소와 그 관리를 맡은 직분자들에 관하여

제3항 교회 직분자들이 그 직무에 임명되는 방식에 관하여

제4항 각각의 직분자들, 제일 먼저 목회자에 관하여

제5항 교사와 그 직무, 그리고 학교에 관하여

제6항 장로와 그 직무에 관하여

제7항 장로회, 회의체, 그리고 치리에 관하여

제8항 집사와 그 직무, 교회의 마지막 통상적인 직임에 관하여

제9항 장교회의 재산과 그 분배에 관하여

제10항 교회 내에서 그리스도인 행정관의 직무에 관하여

제11항 우리가 개혁하기 원하는 현 교회에 잔존하는 폐습들에 관하여

제12항 우리가 요구하는 개혁의 구체적인 항목들에 관하여

제13항 이러한 개혁이 모든 신분의 사람들에게 끼칠 유익에 관하여

제1항
교회와 그 정치체제 일반, 그리고 국가 정치체제와의 차이점에 관하여

1. 하나님의 교회는 때로는 예수 그리스도의 복음을 고백하는 모든 사람들을 포괄적으로 일컫는 것으로 간주되며, 그 결과 교회는 경건한 자들만이 아니라 줄곧 겉으로만 참된 신앙을 고백하는 위선자들까지도 한데 섞여 이루는 모임이나 회합을 뜻하게 된다. 때로는 교회가 경건한 자들과 선택받은 자들만을 일컫는 것으로 간주되기도 하고, 또 때로는 진리를 고백하는 회중 가운데서 영적인 역할을 행사하는 사람들로 간주되기도 한다.

2. 마지막에 언급한 의미에서의 교회는 하나님이 주신 특별한 권한을 지니며, 이 권한에 근거해서 교회는 정당한 사법권과 통치권을 행사하는데, 이는 전체 교회의 평안을 위함이다. 교회의 이 권한은 아버지 하나님에 의해 중보자 예수 그리스도를 통해 주님의 교회에 주어진 권한으로, 하나님의 말씀에 토대를 두고 있으며, 합법적으로 부르심을 받아 교회의 영적인 통치를 위임받은 사람

들에 의해 행사된다.

3. 이 권한에서 비롯되는 교회의 정치체제는 하나님의 말씀으로 임명된 교회 구성원들에 의해 행사되는 영적 통치의 질서 혹은 형식이다. 그러므로 이 직무를 맡은 자들에게 즉각적으로 그 권한이 주어지며, 이들은 전체 교회의 안녕을 위해 권한을 행사하게 된다. 이 권한은 다양하게 사용된다. 때로는 주로 교사들에 의해 개별적으로 행사되고, 또 때로는 직무와 책임을 맡은 사람들의 상호 합의에 의해 공동으로 행사되는데 판결의 형식을 좇아 이루어진다. 전자는 보통 성직권potestas ordinis이라고 불리고, 후자는 재판권potestas jurisdictionis이라 불린다.[1] 이러한 두 종류의 권한은 모두 하나의 권위, 하나의 토대, 하나의 궁극적 근거를 지니고 있지만, 각기 그 권한을 행사하는 방법과 형식은 다르다. 이것은 우리 주님께서 마태복음 16장과 18장에서 명백하게 말씀하신 바이다.

4. 이러한 교회의 권한과 정치체제는 세속 권력이라

---

[1] "말씀을 설교하고 성례를 거행하는 권한인 성직권과 교회치리를 행사하는 권한인 재판권 사이의 구별은 전통적이다. 하지만 여기서 중요한 점은 성직권이 개별적 목회자에 의해 합법적으로 행사되는 반면, 재판권은 개인에게 속한 것이 아니라 교회법정에서 집합적으로 행사되어야 한다는 주장이다. 교회법정은 아래에서 밝힌 대로 목회자와 장로로 구성된 장로회이다." James Kirk, *The Second Book of Discipline* (Edinburgh: St. Andrew Press, 1980), 165.

불리는, 국가의 시민정부에 속하는 권한과 정치체제와는 그 본성에 있어서 다르고 구별된다. 비록 그 둘 다 하나님께 속한 것이고, 바르게 사용된다면 하나의 동일한 목표, 즉 하나님의 영광을 증진시키고 경건하고 선량한 백성을 만든다는 목표를 지향하고 있지만 말이다.

5. 이러한 교회의 권한은 하나님과 중보자 예수 그리스도에게서 곧바로 흘러나온 영적인 것으로, 이 땅에 어떤 세속적인 머리를 두고 있지 않으며, 오직 그리스도만이 자신의 교회의 유일한 영적인 왕이자 통치자이다.

6. 적그리스도가 이 칭호를 거짓되게 찬탈해서 자신이 교회의 머리라고 칭하는 일이 있겠으나, 이 칭호는 교회의 유일한 머리이자 군주이신 그리스도 이외에는 어떤 신분에 있든지 간에 천사에게도 인간에게도 돌려서는 안 되는 칭호이다.

7. 그러므로 교회의 이러한 권한과 정치체제는 그 유일한 토대가 되는 말씀에 즉각 의지해야 하고, 성경의 순전한 원천에서 비롯되어야 한다. 교회는 유일한 영적인 왕 그리스도의 목소리에 귀를 기울이고 그분의 율법으로 다스림을 받아야 한다.

8. 왕, 영주, 행정관들을 그들이 세속적으로 다스리

는 백성들 위에 군림하는 군주 혹은 통치자라고 부르는 것은 온당하지만, 교회의 영적 통치에서는 오직 그리스도만이 주님이고 주인이라 불릴 수 있다. 교회에서 직무를 맡은 다른 모든 사람들은 교회에서의 지배력을 찬탈해서는 안 되고, 결코 주라고 불릴 수 없고 단지 사역자, 제자, 종에 불과할 뿐이다. 보편교회와 모든 개별교회에서 성령과 말씀을 통해, 사람들의 사역에 의해 명하고 통치하는 것은 그리스도 고유의 직무이다.

9. 그럼에도 불구하고 교회의 사역자와 다른 모든 사람들이 세속 행정관에게 복종해야 하는 것처럼, 세속 행정관도 영적으로는 교회에 복종해야 하고 교회의 통치에 따라야 한다. 일반적으로 한 사람이 양측의 사법권 행사를 맡을 수는 없다. 세속 권력은 칼의 권세라 불리고, 다른 권력은 열쇠의 권세라 불린다.

10. 세속권력은 영적인 사람들에게 하나님의 말씀에 따라 그 직무를 행하라고 명해야 한다. 영적인 지도자들은 그리스도교인 행정관에게 정의롭게 다스리고 악을 벌하며 관할지역 안에서 교회의 자유와 안녕을 지켜달라고 요구해야 한다.

11. 행정관은 백성들 가운데 외적인 평화와 안녕을

이루기 위해 외적인 것들을 명하는 반면, 목회자는 오직 양심과 관련될 때에만 외적인 것들을 다룬다.

12. 행정관은 오직 외적인 것들과 사람들 앞에서 행해진 행동만 다루지만, 영적인 지도자는 하나님의 말씀에 따라 양심과 관련하여 내적인 마음가짐과 외적인 행동 모두를 판단한다.

13. 세속 행정관은 칼과 다른 외적인 방편을 써서 복종을 요구하고 또 얻지만, 목회자는 영적인 칼과 영적인 방편으로 그렇게 한다.

14. 행정관은 설교하거나 성례를 거행해서는 안 되고, 교회의 치리를 실행해서도 안 되며, 어떤 규정을 정해서 지키도록 명해서도 안 된다. 단지 그들은 목회자들에게 말씀에 명해진 규정을 지키라고 명하고, 위반자들을 세속적인 방식으로 처벌해야 한다. 목회자들은 세속 사법권을 행사하는 것이 아니라, 행정관들에게 그 사법권을 말씀에 따라 어떻게 행사해야 하는지를 가르쳐야 한다.

15. 행정관은 교회의 사법권을 보조하고, 유지하고, 강화해야 한다. 목회자들은 세속적인 일에 관여함으로써 자신들의 고유한 직무를 등한시하지 않는다는 전제 하

에, 말씀에 합하는 모든 일에서 영주들을 도와야 한다.

    16. 목회자들이 외적인 일에서 죄를 범했을 때 행정관의 판단과 처벌에 복종해야 하듯이, 행정관들 또한 양심과 종교의 문제에서 죄를 지었을 때는 교회의 치리에 복종해야 한다.

제2항
교회 정치체제의 구성요소와
그 관리를 맡은 직분자들에 관하여

1. 세속 정치체제에서 온 나라가 통치자 혹은 행정관들과 통치를 받는 사람들 혹은 백성들로 구성되듯이, 교회 정치체제에서 어떤 사람들은 지도자로 (그리고 나머지 회중들은 지도를 받는 사람들로) 임명을 받아, 하나님의 말씀과 성령의 감동하심에 따라 유일한 머리이자 통치자인 예수 그리스도에게 항상 복종해야 한다.

2. 또 교회의 전반적인 정치체제는 세 가지, 즉 교리, 치리, 분배로 구성된다. 교리는 성례의 거행을 포함한다. 그리고 이 세 영역에 따라 교회에 세 가지 형태의 직분자들이 나오는데, 목회자 혹은 설교자, 장로 혹은 다스리는 자, 그리고 집사 혹은 분배자가 그것이다.

3. 이 모두를 하나의 개괄적인 용어로 아울러 교회의 봉사자들이라 부를 수 있다. 하나님의 교회가 유일한 왕이자 대제사장이이며 머리이신 예수 그리스도에 의해 다스려지고 통치됨에도 불구하고, 주님은 이 목적을 위

한 가장 필요한 수단으로 사람의 사역을 사용하신다. 그렇게 그분은 율법이 있기 전에, 율법의 시대에, 그리고 복음의 시대에 우리를 위로하기 위해 때때로 사람들을 세워 성령의 은사를 부어주셨으며, 교회의 영적 통치를 위해 성령과 말씀을 통해 그들을 사용해 자신의 능력을 행사하심으로 교회를 든든하게 세워오셨다.

4. 그리고 일체의 독재를 피하기 위해 그분은 직분자들이 형제적인 상호합의를 통해, 각자 맡은 역할에 따라 동등한 권한을 지니고 다스리도록 하셨다.

5. 신약성경과 복음의 시대에 그분은 사도, 선지자, 복음 전도자, 목사, 교사를 두어 말씀 사역을 맡기셨다. 장로에게는 선한 질서와 치리의 시행을 맡기셨고, 집사에게는 교회의 재산관리를 위탁하셨다.

6. 이러한 교회의 역할 가운데 일부는 통상적이고, 또 일부는 특별하거나 임시적인 것이다. 세 가지의 특별한 역할이 있는데, 사도, 복음 전도자, 선지자의 직무로, 이 직무들은 영속적이지 않은 것으로, 주께서 예외적으로 특별히 일부 사람들을 일으켜 세우고자 하실 때를 제외하고는, 현재 하나님의 교회에서는 사라지고 없다. 하나님의 교회에는 네 가지 통상적인 역할 혹은 직무가 있

는데, 목사 혹은 감독, 교사, 장로, 그리고 집사이다.

7. 이러한 통상적인 직무들은 교회의 통치와 정치체제에 필수적인 것으로 교회에서 영속적으로 지속되어야 하지만, 그 외에 다른 직무들이 말씀에 따라 세워진 하나님의 참된 교회에서 받아들여지는 일은 결코 있어서 안 된다.

8. 그러므로 이 네 가지 직무에 일체 해당되지 않는 것으로, 적그리스도의 왕국에서 고안되어 그가 찬탈한 위계질서 안에 자리 잡고 있는 모든 야심찬 칭호들은 거기에 근거를 두고 있는 다른 직무들과 더불어 한마디로 거부되어야 한다.

제3항
교회 직분자들이 그 직무에 임명되는 방식에 관하여

1. 소명 혹은 부르심은 교회 내의 직무를 맡은 모든 사람들에게 공통적인 것으로, 이것이 바로 자격을 갖춘 사람들이 하나님의 교회 안에서 영적인 직무에 임명되는 적법한 방식이다. 이러한 적법한 부르심이 없이 누구라도 교회 안의 어떠한 직무에 대해서라도 개입하는 것은 결코 합법적이지 않다.

2. 두 종류의 부르심이 있다. 하나는 하나님이 직접 부르시는 특별한 것으로, 선지자나 사도의 경우와 같은 것이다. 이미 질서가 확립된 교회와 충분히 개혁된 교회 안에서는 이런 부르심의 여지가 없다.

3. 다른 하나는 통상적인 부르심이다. 여기에는 하나님의 부르심과 선한 양심의 내적 증거 외에도, 하나님의 말씀과 교회의 질서에 따른 합법적인 재가와 사람들의 외적인 판단이 요구된다. 하나님 앞에서 선한 양심의 이러한 증거 없이는 그 누구도 교회의 어떤 직무도 감히 맡으려 해서는 안 된다. 하나님만이 사람의 중심을 아신다.

4. 이러한 통상적이고 외적인 부르심은 선택과 임직이라는 두 부분으로 이루어진다. 선택은 공석인 직무에 가장 적절한 사람을 택하는 것으로, 해당교회의 장로회의 판단과 회중의 동의에 따라 이루어진다. 교회의 책무를 맡을 모든 사람들에게 일반적으로 요구되는 자격은 건전한 신앙과 경건한 삶으로, 이에 대해서는 말씀 안에 충분히 나타나 있다.

5. 선택의 절차에서 해당교회 회중들의 뜻에 반(反)해서 혹은 장로회의 의견을 듣지 않고 특정인을 교회의 특정 직무에 강요하는 것은 삼가야 한다. 누구라도 세속적인 관심사를 위해, 이미 다른 사람이 자리를 잡고 있는 직책이나 공석이 아닌 자리에 밀고 들어가서는 안 된다. 성직록이라 불리는 것은 다름 아닌 합법적으로 부름 받고 선택받은 목회자의 급료여야 한다.

6. 임직은 하나님과 교회의 임명을 받은 사람을 구별하고 성별하는 것으로, 충분한 검증과정을 거쳐 그 자격을 판명한 후에 이루어져야 한다. 임직식은 금식, 간절한 기도, 장로들의 안수로 이루어진다.

7. 하나님이 이 모든 사람들을 세우셨고, 부름 받은 곳에서 그 사역을 감당할 수 있게 하셨기 때문에, 이들은

자신들의 메시지가 하나님의 말씀을 벗어나서는 안 되고 그 안에 머물러야 한다는 것을 알아야 한다. 이들은 모두 성경이 자신들에게 부여하는 (자신들을 높이거나 우쭐거리게 하지 않도록 하는) 칭호나 이름을 사용해야 하는데, 그것들은 수고, 노고, 그리고 사역을 의미하는 것이다. 교회 내의 칭호나 이름은 직무와 섬김을 일컫는 것이지, 게으름, 체면, 세상의 명예나 호평을 칭하는 것이 아니며, 그것들은 우리 주 그리스도께서 꾸짖고 금하신 것들이다.

8. 이 모든 직분자들은 자신들의 책무를 이행할 고유의 양떼를 두어야 한다. 이들은 모두 그들과 더불어 거주하면서, 자신의 소명 안에 있는 모두를 살피고 돌보아야 한다. 그리고 전체적으로 이들 모두가 부르심을 받은 책무를 이행하면서 염두에 두어야 할 두 가지는 하나님의 영광과 교회의 덕이다.

제4항
각각의 직분자들, 제일 먼저 목회자에 관하여

1. 목사pastor, 감독bishop, 혹은 목회자minister는 특정한 회중을 위해 임명된 사람으로, 하나님의 말씀으로 그들을 지도하고 돌본다. 이와 관련해서 이들은 때때로 목사라 불리는데, 회중들에게 꼴을 먹이기 때문이다. 또 때로는 감독이라 불리는데, 자신들에게 맡겨진 양떼를 돌보기 때문이다. 또 그들의 섬김과 사역 때문에 목회자라 불리기도 한다. 또 그들에게 주어진 가장 중요한 책무인 영적 통치를 실행해 나가면서 필히 갖춰야 할 진중함 때문에 장로presbyter 또는 senior라고 불리기도 한다.

2. 목회 사역에 부름 받은, 혹은 그 일에 헌신하려는 사람들을 그들이 돌볼 특정한 양떼도 없이 선출하는 일은 있어서는 안 된다.

3. 누구도 합법적인 소명이 없이는 이 직무를 떠맡거나 찬탈해서는 안 된다.

4. 하나님의 부르심을 받고 사람들에 의해 정당하게 선출된 사람은 목회의 책무를 일단 수락하고 난 다음에

는, 이 사역을 그만둘 수 없다. 직무 이탈자는 훈계를 받아야 하고, 완고한 경우에는 결국 출교되어야 한다.

5. 목사는 노회 혹은 총회의 허락 없이는 자신의 양떼를 떠날 수 없다. 만일 이런 일이 있을 경우에는 먼저 훈계를 한 다음, 훈계에 따르지 않을 때는 교회가 그들을 견책해야 한다.

6. 목사에게 맡겨진 일은 때를 얻든지 못 얻든지, 공적으로든 사적으로든 하나님의 말씀을 가르치는 일이다. 이 일을 감당하면서 목사는 하나님의 말씀이 그에게 명하는 대로 항상 자신의 양심을 갈고닦고 자유롭게 하도록 애써야 한다.

7. 말씀의 선포가 그렇듯이 성례의 거행 또한 목사에게만 속한 일이다. 말씀과 성례는 하나님께서 우리를 가르치기 위한 수단으로 정하신 것으로, 말씀은 귀로 성례는 눈과 또 다른 감각으로 지식을 마음에 전달한다.

8. 동일한 이유로, 자신에게 맡겨진 양떼인 회중을 위해 기도하는 것 또한 목사의 일이다. 그리고 주님의 이름으로 그들을 축복하는 일도 목사의 일이다. 주님은 자신의 신실한 종들의 축복이 헛되이 되게 내버려두지 않으실 것이다.

9. 목사는 양떼의 삶의 태도를 살펴야 하고, 더욱이 복음의 진리를 그들에게 적용해서, 방종한 사람들은 책망하고 경건한 사람들은 계속 주님을 경외하는 마음으로 살아가도록 북돋아야 한다.

10. 목회자는 장로회의 적법한 절차를 거친 다음에, 교회에 부여된 열쇠의 권세에 따라 특정인을 상대로 매고 푸는 선언을 할 수 있다.

11. 마찬가지로 장로회의 적법한 절차 이후에, 부부로 결합하고자 하는 사람들의 결혼식을 엄숙하게 집례하고, 하나님에 대한 경외심 가운데 거룩한 연합에 들어가는 그들에게 주님의 축복을 선언하는 것 또한 목회자의 일이다.

12. 일반적으로 교회에서 교회의 일과 관련하여 회중 앞에서 이루어지는 모든 공적인 선언은 목회자의 직무에 속한다. 왜냐하면 목회자는 이 모든 일에 있어서 하나님과 사람들 사이의 메신저이자 전달자이기 때문이다.

제5항
교사와 그 직무, 그리고 학교에 관하여

1. 말씀으로 봉사하는 통상적이고 영속적인 두 가지 직무 가운데 하나는 교사의 직무이다. 교사는 또한 선지자, 감독, 장로, 그리고 교리문답사, 즉 교리문답과 신앙의 기초를 가르치는 선생이라 불릴 수 있다.

2. 교사의 직무는 성경 안에 들어 있는 성령의 뜻을 그대로 펼쳐 보이는 것이고, 목회자가 하듯이 적용을 하는 것은 아니다. 신자들에게 교훈을 주고 건전한 교리를 가르치는 것과, 복음의 순수성이 무지와 악한 견해로 훼손되지 않도록 하는 것을 그 목적으로 한다.

3. 교사는 그 이름뿐만 아니라 은사의 다양성에서도 목사와 구별된다. 교사가 순전한 가르침으로 신앙의 신비를 열어주는 지식의 말씀을 은사로 받았다면, 목사는 상황에 맞게 양떼의 삶의 태도를 권고함으로써 말씀을 적용하는 지혜의 은사를 받았다.

4. 교사라는 이름과 그 직무에 우리는 학교, 대학, 대학교 안의 직책까지도 포함한다. 이 직책은 세속 국가

들뿐만 아니라 유대인과 그리스도교인들 사이에서도 때에 따라 신중하게 유지되어 왔다.

5. 앞에서 말했듯이 장로로서의 교사는 교회를 다스리는 일에서 목사를 돕고, 모든 회의체에서 자신의 형제인 장로들과 협력해야 한다. (교회 일에서 유일한 판관인) 말씀에 대한 해석이 교사의 책무로 맡겨져 있기 때문이다.

6. 하지만 적법하게 요청받은 경우가 아니라면, 회중들에게 설교하고, 성례를 집례하고, 결혼식을 거행하는 일은 교사의 직무에 속하는 일이 아니다. 그렇지만 목사는 학교에서 가르칠 수 있는데, 폴리카르포스와 다른 사람들의 경우에서 보듯이 지식의 은사 또한 지니고 있는 목사라면 종종 그 직무를 해낼 수 있기 때문이다.

제6항
장로와 그 직무에 관하여

1. 성경에서 장로라는 단어는 때로는 나이에 대한 호칭이고 또 때로는 직무에 대한 호칭이다. 직무를 일컬을 때는 때때로 장로라고 불리는 사람들뿐만 아니라 목사와 교사를 포괄하는 폭넓은 의미로 사용된다.

2. 이와 같은 구분을 하면서, 우리는 사도들이 다스리는 자들 혹은 통치하는 자들이라 부른 사람들을 장로라 칭한다. 그들의 직무는 통상적이고 영속적이며, 하나님의 교회에 항상 필요한 것이다. 장로직은 목회직과 마찬가지로 영적인 직무이다. 일단 적법하게 장로직에 부름받았고 직무를 수행하기에 적절한 은사를 소유하고 있다면 그 직무를 그만둘 수 없다. 특정한 회중 가운데서 많은 수의 장로들을 선택해서, 레위지파가 성전을 지키면서 율법에 따라 그랬듯이 일단의 장로들이 적절한 기간 동안 다른 장로들과 교대하면서 섬길 수도 있다. 각 회중 가운데 장로의 수를 제한할 수는 없지만, 사람들의 규모와 필요에 따라 결정해야 한다.

3. 모든 장로가 말씀을 가르치는 자일 필요는 없지만 그들 대부분이 그래야 하며, 이런 사람들은 이중의 영예를 받기에 합당하다. 장로들이 어떤 품성을 지녀야 하는지에 대해서 우리는 하나님의 명백한 말씀, 즉 사도 바울이 성경에 기록한 것에 의지한다.

4. 그들의 직무는 그들에게 맡겨진 양떼를 공적으로든 사적으로든 부지런히 살펴서 신앙과 행습에 어떠한 폐해도 생기지 않도록 하는 것이다. 장로들은 이 일을 개인적으로 또 집단적으로 행해야 한다.

5. 목사와 교사가 가르치는 일과 말씀의 씨를 뿌리는 일에 부지런해야 하는 것처럼, 장로는 사람들 가운데 말씀의 열매가 맺히도록 세심히 살펴야 한다.

6. 장로는 성만찬에 나오는 사람들을 점검하는 일과 병자를 심방하는 일에서 목사를 도와야 한다.

7. 장로는 개별교회가 회의를 통해 결정한 것들과 노회, 총회의 결의사항들이 신중히 실행되도록 해야 한다.

8. 장로는 자신들이 책임지고 있는 모든 사람들을 복음서의 규칙에 따라 훈계하는 데 성실해야 한다. 개인적인 훈계로 교정할 수 없는 일들은 장로회로 가져가야

한다.

9. 장로의 주된 직무는 선한 질서를 세우고 치리를 실행하기 위해 (마찬가지로 장로에 속하는) 목사와 교사와 더불어 다양한 회의체를 구성해 개최하는 것이다. 그 범위 안에 있는 모든 사람들은 이 회의체들에 복종해야 한다.

제7항
장로회, 회의체, 그리고 치리에 관하여

1. 장로회와 회의체들은 일반적으로 목사, 교사, 그리고 보통 장로라 불리는 사람들로 구성된다. 장로는 말씀과 교리를 다루는 일을 하지 않는 자들로, 이들에 대해서, 그리고 이들이 지닌 몇몇 권한에 대해서는 앞서 말한 바 있다.

2. 회의체에는 네 종류가 있다. 하나 이상의 개별교회와 회중들의 회의체, 지역교회 연합인 노회 차원의 회의체, 전국적인 총회 차원의 회의체, 그리고 예수 그리스도를 고백하는 모든 다양한 국가들 차원의 회의체가 있다.

3. 모든 교회 회의체들은 교회에 관한 일들과 자신들이 책임지고 있는 일들을 다루기 위해 합법적으로 회의를 소집할 권한을 지닌다. 회의체들은 이런 취지로 시간과 장소를 정할 권한을 지니며, 모임에서 다음번 회의의 날짜, 시간, 장소를 정할 권한도 지닌다.

4. 모든 회의체는 (소집된 전체 형제들의 만장일치로) 의장

을 선출해야 한다. 의장은 의제를 제시하고 표를 취합하여, 회의가 질서 있게 진행되도록 해야 한다. 특별히 의장은 주의를 기울여 교회적 사안들만 회의에서 다루어지도록 하고 세상 법정에 속한 어떤 것들에도 관여하는 일이 없도록 해야 한다.

5. 모든 회의체는 회원 중 한 사람 이상의 시찰자를 파송해서 관할 구역 안에서 모든 것들이 어떻게 관리되고 있는지 살필 권한을 지닌다. 여러 교회를 시찰하는 일은 특정한 한 사람을 지정해서 맡길 통상적인 교회 직무가 아니다. 그 시찰자에게 감독이라는 이름을 부여해서도 안 되고, 한 사람이 계속 그 일을 맡아서도 안 된다. 자격 있는 사람을 파송해서 상황을 시찰하게 하는 것은 장로회의 권한이다.

6. 모든 회의체의 최종 목표는 먼저 신앙과 교리를 일체의 오류나 부패로부터 순수하게 지키는 것이고, 둘째로 교회 안에 품격과 질서를 유지하는 것이다.

7. 이러한 질서를 위해 모든 회의체는 맡고 있는 교회의 모든 구성원들의 선한 행위에 관련된 규정과 법을 제정할 수 있다.

8. 회의체들은 교회의 모든 법규와 법령들 가운데

해롭고 아무 유익 없는 것으로 판명되었고, 시대에 적합하지 않거나 사람들에 의해 오용되고 있는 것들을 폐기하거나 폐지할 권한 또한 가진다.

9. 회의체들은 모든 위법자들과 교회의 선한 질서와 정책을 경멸하는 교만한 자들에 대해 교회치리를 시행할 권한을 지닌다. 이와 같이 모든 치리는 회의체의 권한에 속한다.

10. 첫 번째 종류의 회의체는 개별 회중 안에 속한 것이기는 하지만 상호합의를 통해서 교회의 권한, 권위, 재판권을 행사하기 때문에, 교회라는 이름으로 불릴 때도 있다. 개교회의 장로에 대해 이야기할 때, 우리는 모든 교구, 특히 시골교회가 자체적인 장로회를 둘 수 있다고 말하는 것은 아니다. 우리는 서너 개 혹은 그 이상이든 이하든 개교회들이 모두를 아우르는 하나의 장로회를 두어 자신들의 교회적 문제들을 판단하게 할 수 있다고 생각한다. 그렇다 하더라도, 개별 교회들에서 각각 장로들을 선택해서 동일 회의체 안에 속한 다른 형제들의 동의를 얻어야 하며, 그들이 각기 속한 교회 안의 범범 행위를 고발하고 범법자들을 회의체에 회부하게 해야 한다. 우리는 초대교회의 관행에서 이러한 예를 발견하는

데, 장로회 혹은 원로회가 도시나 널리 알려진 장소에서 구성된 바 있다.

11. 이러한 개별 장로회의 권한은 그들이 맡고 있는 영역 안에서 부지런히 수고하여 교회가 선한 질서 안에 머물게 하는 것이고, 품행이 나쁘고 제멋대로인 사람들을 부지런히 살피고 그들을 훈계나 하나님의 심판에 대한 위협 혹은 교정을 통해 다시금 바른길로 인도하려 애쓰는 것이다.

12. 장로회의 임무는 그 관할 영역 안에서 하나님의 말씀이 순수하게 선포되고, 성례가 올바르게 거행되고, 치리가 바르게 행해지고, 교회의 재산이 어떠한 부정도 없이 분배되도록 유념하는 일이다.

13. 장로회의 임무는 노회, 총회, 보편교회 차원의 회의체들에서 만들어진 법령들이 지켜지고 실행되도록 하는 일이다. 그리고 교회에 적합하게[2] 관련된 규약들을 만들어 장로회가 관할하는 개교회들의 품위 있는 질서를 지키는 일이다. 그렇지만 보편교회나 노회 차원의 회의체들이 만든 어떤 규칙도 변경해서는 안 되고, 자신들이

---

2   τό πρέπον은 어울리다, 걸맞다, 적절하다, 적당하다는 뜻이다.

만들게 될 규칙들을 노회에 알려야 하며, 노회에 해를 끼칠 우려가 있는 규칙들은 폐지해야 한다.

14. 장로회는 완고한 자들을 출교할 권한을 지닌다.

15. 관할권 안에서 교회의 직무를 맡을 사람들을 선출하는 것도 장로회의 권한에 속한다. 충분한 자격을 갖춘 목사와 장로들을 선출하고 임명해야 한다.

16. 같은 이유로 그들을 해임하는 권한도 장로회에 속한다. 잘못된 부패한 교리를 가르치는 자들, 훈계를 해도 돌이키지 않고 추문을 일으키는 자들, 교회에 대한 분파나 배반, 명백한 신성모독, 성직매매, 뇌물수수, 거짓, 위증, 매춘, 도둑질, 술취함, 법에 따라 처벌받아 마땅한 싸움, 고리대금, 춤, 악평에 관련된 자들, 그리고 교회에서 격리시켜야 마땅한 다른 모든 자들이 다 해임의 대상이 된다. 또한 자신의 책임을 수행하기에 적절하지 못한 사람으로 판명될 때에도 해임되어야 한다. 이에 대해 다른 교회들에도 알려, 해임된 사람을 받아들이지 못하게 해야 한다.

17. 하지만 교회의 직무를 맡은 자들이 나이, 질병, 혹은 다른 사고로 자신들의 직임을 제대로 감당하지 못하게 되었다는 이유로 그들을 해임할 수는 없다. 이런 경우

에도 그들의 명예는 유지되어야 하고, 교회는 그들을 부양해야 하며, 다른 사람들을 임명해서 그들의 직무를 대신하게 해야 한다.

18. 우리는 한 지역의 목사, 교사, 장로가 지역에 속한 교회들의 공동 관심사를 논의하기 위해 모인 합법적 회의를 노회라 부른다. 이것은 또한 교회들과 형제들의 모임이라 불릴 수 있다.

19. 이러한 노회는 필요가 있을 때 지역에 속한 형제들의 상호 협의와 협력을 통해 중요한 문제들을 다루기 위해 세워졌다.

20. 노회는 개별 장로회가 누락했거나 잘못 처리한 것들을 다루고 정리하고 시정할 권한을 지닌다. 노회는 파면시킬 만한 합당하고 정당한 이유가 있을 때 그 지역에 속한 직분자들을 해임할 권한을 지닌다. 그리고 일반적으로 노회는 노회에 속한 개별 장로회들의 모든 권한을 지닌다.

21. 전국적인 차원의 회의체인 총회는 우리 전체를 포괄하는 것으로, 나라 혹은 국가의 모든 교회가 참여하는 합법적 회의체로 교회의 공통 관심사를 다루기 위해 소집되며, 나라 안의 모든 교회의 보편 장로회라 불릴 수

있다. 모두가 이 총회에 참석해서 의견을 표명해야 하는 것은 아니고 총회가 적절하다고 생각하는 인원수의 교회 대표자들이 참여하게 된다. 그렇다고 그 이외에 다른 사람들이 총회에 참석하여 제안하고 경청하고 판단하는 것을 배제시키지는 않는다.

22. 총회가 세워진 것은 노회가 빠뜨리고 잘못 취급한 모든 것들을 다루거나 시정하기 위함이다. 그리고 이 나라 안의 모든 교회 공동체의 안녕에 기여하는 것들을 예견하고 다루고 발표하여 하나님의 영광을 나타내기 위함이다.

23. 총회는 교회가 없는 곳에 교회가 세워지도록 유념해야 한다. 또 총회는 다른 두 종류의 회의체들이 모든 일을 어떻게 진행해야 하는지에 관한 규칙을 정해야 한다.

24. 총회는 영적 통치와 세속 통치가 뒤섞여서 교회에 해를 끼치는 일이 없도록 유념해야 한다. 또 교회의 재산이 줄어들거나 오용되지 않도록 하고, 일반적으로 이 나라 전체 교회들의 안녕과 선한 질서에 관련된 모든 중요한 문제들에 총회는 그 권한을 행사해야 한다.

25. 여기에 더해 더욱 보편적인 회의체가 있는데,

그리스도의 보편 교회에 속한 모든 국가와 신분의 사람들로 구성된다. 이것은 보편 공의회 혹은 하나님의 전체교회의 보편 협의회라 불릴 수 있다. 이 회의체들은 특별히 교회 내에 중요한 분파나 교리논쟁이 일어났을 때 소집되었으며, 하나님의 보편 교회 내의 분파를 피하기 위해 필요할 때마다 경건한 황제들의 명에 따라 소집되었다. 보편 공의회는 한 나라의 특정 지역에 속한 것이 아니기 때문에, 이에 대해서는 더 이상 다루지 않겠다.

제8항
집사와 그 직무, 교회의 마지막 통상적인 직임에 관하여

   1. 집사$_{διάκονος}$라는 단어는 대체로 교회에서 봉사와 영적인 역할을 맡는 사람들을 모두 포괄하는 것으로 여겨진다. 하지만 지금 우리가 말하는 집사는 성도들의 구제금과 교회의 재산을 모으고 분배하는 사람들에게만 국한된다.

   2. 이러한 집사의 직무는 그리스도의 교회 안에서 통상적이고 영속적인 교회 직임이다. 이 직무로 부름 받은 집사가 어떤 특성과 의무를 지니는지에 대해서 우리는 명백한 성경말씀에 의지한다. 집사는 앞에서 그 선출과정에 대해 언급한 바 있는 다른 영적인 직분자들과 마찬가지로 부름을 받고 세워져야 한다.

   3. 집사의 직무와 권한은 자신들에게 맡겨진 모든 교회 재산을 거둬들이고 분배하는 것이다. 그들은 장로회_{집사는 여기에 속하지 않는다}의 판단과 지시에 따라 이 일을 행함으로써, 교회와 가난한 사람들의 재산이 사사로운 용도로 전환되거나 잘못 분배되는 일이 없도록 해야 한다.

제9항
교회의 재산과 그 분배에 관하여

1. 교회의 재산이란 이전부터 내려온 것들, 또는 앞으로 교회에 주어질 것들, 혹은 그리스도교 신앙을 고백하는 나라들의 동의나 보편 관습에 의해 공적인 용도로 또는 교회의 필요에 따라 사용되도록 지정된 것들을 말한다. 따라서 교회 재산이라는 말로 우리는 교회와 하나님에 대한 봉사를 위해 기부된 모든 것, 혹은 기부될 모든 것, 즉 토지, 건물, 소유물, 매년의 지대, 그리고 교회에 기탁된 다른 모든 것들을 포함하며, 이런 것들은 기부, 기금, 절제를 통해, 또는 왕, 영주, 혹은 그들보다 하위 신분인 사람들의 합법적인 이름으로 교회에 기탁된다. 여기에 신자들의 계속적인 봉헌이 더해진다. 우리는 또한 이런 모든 것들이 법, 관습, 혹은 각 나라의 관행에 따라 교회의 용도와 필요에 맞춰 사용되어 왔다고 이해한다. 이런 것들에는 십일조 teinds: 스코틀랜드에서 성직자를 부양하기 위해 토지의 소산물에 부과한 십일조를 뜻한다. - 역자 주, 목사관, 교회 영지 등이 있으며, 일반 시민법과 보편 관습에 따라 교회가 소유한다.

2. 불법적인 방식으로 이러한 재산을 취득하거나 특정인의 개인적이고 세속적인 목적을 위해 전용하는 것은 하나님 앞에서 가증스러운 신성모독에 해당한다고 우리는 주장한다.

3. 교회 재산은 집사가 하나님의 말씀이 명하는 대로 거두고 분배함으로써, 교회에서 직무를 맡은 사람들이 아무런 근심이나 염려 없이 일할 수 있도록 부양해야 한다. 사도시대 교회에서 집사는 신자들에게서 거두어들이고 또 그 거두어들인 것들을 분배하는 일을 맡아, 성도들의 필요에 따라 배분함으로써 성도들 가운데 아무도 결핍한 사람이 없었다. 이러한 모금에는 일부 사람들이 생각하듯이 기부의 방식으로 거두어들인 것들만이 아니라 다른 자산, 즉 동산이든 부동산이든, 토지든 소유물이든, 그에 해당하는 값이든 사도들 앞에 바쳐진 모든 것들이 포함된다. 이 직무는 계속해서 집사들에게 맡겨져 그들이 교회의 모든 재산을 관리해 왔는데, 오래된 교회법들이 증언하듯이 적그리스도_{역주: 로마가톨릭교회 혹은 교황}에 의해 이러한 관습이 파괴되었다.

4. 교회법은 교회 재산의 네 가지 분배에 대해 언급한다. 첫 번째는 목사 혹은 감독의 생계와 접대를 위해,

두 번째는 장로와 집사와 모든 성직자들을 위해, 세 번째는 가난한 자, 병든 자, 이방인을 위해, 그리고 네 번째는 교회의 유지와 다른 업무, 특히 특별한 경우를 대비해서이다. 여기에 우리는 학교와 교사들도 덧붙이는데, 우리는 이들 또한 이 재원으로 잘 지원해야 하며, 이들도 성직자 범주에 든다고 본다. 여기에 우리는 또한 개별 회의체든 보편 회의체든 회의체들의 사무원들, 교회 업무와 연관된 행정장관이나 행정관들, 시편 선창자들, 그리고 교회의 다른 통상적인 업무를 맡고 있는 자들까지도 그들이 필요한 자들이면 모두 포함시킨다.

제10항
교회 내에서 그리스도인 행정관의 직무에 관하여

1. 교회의 모든 구성원들이 각자 부르심을 받은 대로 힘껏 예수 그리스도의 나라를 진전시켜야 할 의무가 있지만, 특히 그리스도인 영주들이나 행정관들의 경우는 더욱 그러하다. 이들은 성경에서 교회의 양육자들이라 불리고 있는데, 그것은 교회에 해를 끼칠 모든 것들에 맞서 이들이 교회를 유지하고, 육성하고, 지지하고, 옹호하고 있기 때문이거나 적어도 그렇게 해야 하기 때문이다.

2. 따라서 모든 측면에서 교회의 경건한 조처들을 돕고 뒷받침하는 일이 그리스도인 행정관의 직무에 속한다. 즉 교회의 공적인 지위와 사역이 하나님의 말씀에 따라 제대로 유지되고 지속될 수 있도록 살펴야 한다.

3. 교회가 거짓 교사들과 삯꾼들에 의해 침범되거나 해를 당하는 일이 없도록, 그리고 벙어리 개나 게으른 배불뚝이들이 교회에 발붙이지 못하도록 살펴야 한다.

4. 교회의 치리를 도와 유지시키고, 교회의 견책에 복종하지 않는 자들을 세속 법에 따라 처벌하며, 항상 교

회의 법과 세속의 법이 뒤죽박죽되지 않도록 해야 한다.

5. 목회사역, 학교, 가난한 자들을 위해 충분한 지원이 이루어지도록 살펴야 한다. 그들을 돌볼 자금이 부족할 경우에는, 필요하다면 자신들의 수입으로 가난한 자들에게 공급해야 한다. 자신들이 맡은 사람들의 손을 잡아주어, 그들이 상해와 공개적인 폭력을 당하지 않도록, 또 수입과 재산을 사기나 강도 혹은 약탈당하는 일이 없도록 해야 한다.

6. 교회의 재산이 세속적이고 불법적인 용도로 사용되거나 게으른 자들이나 교회에서 아무런 적법한 역할도 하지 않는 자들의 배를 채우는 일에 충당되는 일이 없도록 해야 한다. 그렇게 해서 교회재산이 마땅히 투입되어야 할 목회사역, 학교, 가난한 자들을 위한 구제활동, 그리고 다른 경건한 용도들에 피해를 입히는 일이 없도록 해야 한다.

7. 하나님의 말씀에 적합한 법령들을 만들어, 교회와 그 정치체제의 진전을 도모해야 한다. 또한 세속의 검에 속하지 않고 오로지 교회의 직무에 속한 것들, 즉 말씀과 성례의 사역, 교회의 치리와 영적 권징의 행사, 우리 주님께서 사도들과 참된 계승자들에게 주신 영적인

열쇠의 권세와 같은 것들을 찬탈하려고 해서는 안 된다. 교회가 타락하고 모든 것이 무질서에 빠졌을 때는, 경건한 유대의 왕들의 모범을 따라, 또 신약성경에 비추어 경건한 여러 황제와 왕들의 모범에 따라, 경건한 왕과 영주가 때때로 자신들의 권위로 목회자를 임명하고 주님에 대한 참된 예배를 회복하는 일이 있다. 하지만 교회의 목회자가 합법적으로 세워지고 또 임명받은 목회자가 그 직무를 충실하게 감당할 때는, 경건한 영주와 행정관들이 목회자의 목소리에 귀를 기울이고 순종해야 하며, 목회자가 전하는 하나님의 아들의 위엄을 존중해야 한다.

제11항
우리가 개혁하기 원하는 현 교회에 잔존하는 폐습들에 관하여

1. 하나님의 자비로 허락해 주신 현재의 자유, 즉 이 땅에서 하나님의 말씀을 설교하고 성례를 올바로 거행할 자유를 유지하는 것이 경건한 행정관의 의무인 것처럼, 아직도 교회에 잔존하는 일체의 오남용이 제거되고 확실하게 뿌리 뽑히도록 하는 것 또한 행정관의 의무이다.

2. 그러므로 먼저, 섬기지도 않고 그리스도의 개혁된 교회에서 아무런 역할도 없는 로마가톨릭의 성직 칭호들대수도원장, 공석이 된 성직에 할당된 성직록을 차지하는 자, 소(小)수도원장, 소(小)수녀원장, 그리고 대(大)수도원의 다른 직함들로, 지금은 하나님의 공의로운 심판에 따라 이들의 직책이 대부분 뒤엎어지고 우상숭배가 일소되었다을 사람들에게 부여하는 것은 엄연한 남용이며, 우리 가운데 그리스도의 나라를 맞이하는 것이 아니라 오히려 거부하는 것이다.

3. 로마교회에서 대수도원의 참사회나 수도회, 주교좌성당 등으로 불린 것들은 이제 아무런 섬기는 역할도 하지 않고 있으며, 교회의 토지나 십일조 가운데 일부 남

은 것이 있는 경우에 그 요금을 부과하거나 임대하는 일만 하고 있다. 이것은 우리의 매일의 경험이 가르쳐 주듯이 교회에 피해를 끼치고 손상을 입히는 것이다. 따라서 이런 것들은 철저하게 폐지되고 제거되어야 한다. 비슷한 성격을 띠는 것들로는 수석사제, 수석집사, 선창자, 부선창자, 성물 관리자, 주교의 고문, 그리고 교황과 그 교회법에서 유래된 다른 비슷한 직함들이 있으며, 개혁된 교회에 이들을 위한 자리는 없다.

4. 성직록의 추가병합을 통해 합쳐지고 결합된 교회들은 다시 나누어져서, 각각 하나님의 말씀이 요구하는 자격을 갖춘 목회자들에게 맡겨져야 한다.

5. 교회의 재산을 오남용한 자들은 회의에서 투표권을 가져서는 안 되고, 교회와 성도들의 이름으로 모인 위원회에 참석해서도 안 된다. 교회의 자유와, 개혁된 교회를 위해 제정된 이 나라의 법에 해를 끼치고 손상을 입히는 일이 없도록 하기 위함이다.

6. 하물며 이런 사람들 중에 특정 개인이 다섯, 여섯, 열, 혹은 스무 개나 그 이상의 교회를 소유하고 있으면서 그 모든 영혼들을 떠맡고 교회 재산을 차지하는 것은 영주의 허락에 의한 것이든 교회가 승인한 것이든 간

에 복음서의 가르침에 비추어 볼 때 결코 적법한 일이 아닙니다. 이와 같은 일을 방치해 둔 채 개혁을 바란다면 그것은 단지 조롱거리가 될 뿐이다.

7. 비록 이 같은 성직록의 옛 소유자들 가운데 참된 신앙을 받아들인 사람들에게 이전에 그들이 받았던 수입의 3분의 2를 일생동안 받도록 허용해 주는 것이 커다란 성가심을 피하는 데 도움이 된다고 생각될지라도, 교회 안에 이 같은 오남용이 계속되어, 마찬가지로 부적절한 자들, 아니 더욱 부적절한 자들로 흑암의 시대에 성직록을 차지하고 있었던 자들과 매한가지로 교회를 섬기려는 마음은 없고 게으르게 살아가려는 사람들에게 자리를 마련해 주고 새로이 성직록을 주는 것은 참을 수 없는 일이다.

8. 주후 1571년 리스에서 채택된 법령 리스협약은 제임스 6세의 섭정이었던 마르 백작이 1572년 1월 리스에서 국왕이 교회 승인을 받아 주교를 임명할 수 있다고 결정한 것이다. 본문에서는 1571년이라고 말하고 있지만, 새로운 달력의 셈법에 따르면 1572년 1월이다. - 역자 주에서는 이런 자들을 받아들이고 자격을 갖춘 것으로 간주하고 있는 것처럼 보인다. 이 거짓된 법령은 모든 선한 질서에 위배되는 것이고, 그렇지 않다 하더라도 이런 자들이 세속 직무를 맡을 자격을 갖추었거나 법

정에서 일할 자격이 있다는 것이 아니라 교회의 적법한 허가를 받아서 하나님의 말씀을 가르칠 자격을 갖추는 것이라고 이해해야 한다.

9. 감독에 대해서는 그 어원인 에피스코포스$_{ἐπίσκοπος}$라는 칭호를 제대로 이해하면 이들은 모두 앞에서 분명히 밝혔듯이 목회자들과 동등하다. 감독은 우월성이나 지배력을 칭하는 게 아니고, 직무와 돌봄의 호칭이다. 하지만 교회가 타락하게 되면서 감독의 칭호가 오남용되어 왔고, 그것은 지금도 마찬가지이다. 우리는 새로 선출된 감독들이 이런 식으로 처신하는 것을 허용할 수 없으며, 그들을 선출한 참사회원 중 그 누구도 그런 일을 하라고 그들을 택한 것이 아니다.

10. 참된 감독은 하나의 특정한 양떼에게 헌신해야 하는데, 많은 감독들이 이를 받아들이지 않고 있다. 참된 감독은 이런 자들이 하듯이 자신의 형제들 위에 군림하려고 해서는 안 되고, 그리스도의 유산에 대한 지배력을 찬탈해서도 안 된다.

11. 목사는 자신이 목사인 한, 소속 관구에 속한 여러 교회들을 시찰하는 직무를 맡아서는 안 되며, 이런 직무가 그에게 주어진 경우는 예외이다. 감독이 적법하게

감당할 수 있는 범위를 넘어서까지 시찰해야 한다는 것은 일종의 타락이다. 누구라도 장로회에 의해 적법하게 선출된 경우가 아니라면 시찰의 직무를 맡을 수 없다. 제대로 자리 잡힌 장로회는 그 권한이 미치는 지역을 돌아보도록 한 명 혹은 그 이상의 시찰자를 파송할 권한을 지닌다. 그리고 그것에 대한 보고를 받은 후 그 일을 그들에게 계속 맡기거나 때로는 해임할 수 있다. 시찰자들은 항상 장로회에 복종해야 한다.

12. 목사가 세속의 형사 재판권을 맡는 것 또한 타락이다.

13. 감독이 목사들의 목사, 많은 양떼들의 목사라고 말하면서 하나의 특정한 양떼를 돌보지도 않고 또 통상적인 가르침도 행하지 않는 것은 하나님의 말씀에 위배된다. 감독이 형제들을 교정하는 일에서 면제되어야 하고, 또 섬겨야 하는 특정 교회 장로회의 치리에서도 면제되어야 한다고 말하는 것도 하나님의 말씀에 위배된다. 감독이 다른 교회들을 사찰하는 직무를 찬탈해서도 안 되고, 다른 목회자들이 하지 않는 별도의 역할을 하려고 해서도 안 되며, 다만 교회가 그들에게 위탁한 직무만 감당해야 한다.

14. 그러므로 우리가 바라는 바는 현재의 감독이 하나님의 말씀이 그에게 요구하는 질서에 순응해서, 보편교회가 그에게 지시하는 대로, 교회적 혹은 세속적 일에서 그 범주를 벗어나는 일 없이 행하든지, 그렇지 않으면 교회 안에서의 일체의 역할에서 면직되어야 한다는 것이다.

15. 우리는 목회자들이 그들의 영주에게서 도움을 요청받았을 때 그것이 모든 면에서 말씀과 합치될 때는 위원회나 의회 혹은 다른 곳에서 그를 도울 수 있고 또 도와야 한다는 사실을 부인하지 않는다. 다만 언제든 이들이 자신들의 책무를 소홀히 하는 일이 있어서는 안 되며, 영주들에 대한 아첨으로 교회의 공적인 위상을 해치는 일이 있어서도 안 된다는 것이 그 전제조건이다. 하지만 대체로 우리는 그 누구든 교회에서 받은 어떤 칭호, 특별히 고위 성직자, 수도회, 참사회와 관련된 로마가톨릭의 오용된 칭호를 내세우면서 이 나라의 개혁된 교회의 승인 없이 위원회나 의회, 기타 등등에서 교회의 이름으로 이와 같은 일을 도모해서는 안 된다는 점을 밝히는 바이다.

16. 의회의 법령은 교황주의 교회와 그 지배력이 교

회 안에 설 자리가 없고, 앞으로 감독이나 다른 고위 성직자가 자신의 권위로 어떤 지배력도 행사할 수 없다고 규정하고 있다. 그리고 개혁된 교회 안에 있고 또 있게 될, 그리고 거기서 비롯되는 지배력 이외에 다른 어떤 교회적 지배력도 이 나라에서 인정되어서는 안 된다고 규정하고 있다. 따라서 우리는 1560년 이후로도 주교좌 성당, 대수도원, 대학, 혹은 다른 수도원들에서 로마가톨릭적인 방식의 참사회가 교회의 이름과 권위를 찬탈하여 결국 교회 재산에 피해를 주거나 혹은 또 다른 행위들로 교회에 손상을 입히도록 그대로 방치하는 것은 이 나라의 참된 교회와 법의 권리에 반하는 오남용과 부패라고 간주하며, 따라서 앞으로는 이를 폐지하고, 제한하고, 확실하게 뿌리 뽑아야 한다.

17. 로마가톨릭 사법권에 대한 종속 또한 철폐되어야 한다. 파송된 감독관들이 교회의 승인도 받지 않고 교회 문제들에 참견하여 뒤섞인 지배력을 행사하는 것을 예로 들 수 있는데, 이들은 모든 것이 무질서했던 국왕의 어머니 메리 시대에 임명된 자들이다. 이들 중 대다수가 교회에서 아무런 역할도 하지 않으면서 목회자들을 판단하고 해임시키기까지 한다는 것은 부조리한 일이다. 따

라서 이들이 교회 일에 참견하지 못하도록 하거나 혹은 이들이 판단할 수 있는 일을 제한시켜서 교회의 권리를 손상시키지 못하도록 해야 한다.

18. 이러한 파송 감독관들은 이전에 교황의 교회에서 고위직을 차지했던 자들이거나 새롭게 로마가톨릭교회의 칭호를 부여받은 자들로, 현재도 그들이 예전에 받아 누렸던 성직록의 3분의 2를 보존할 수 있도록 이 나라 법이 용인하고 있는데, 더 이상의 특권을 부여해서는 안 되고, 그들에게 할당된 몫만 여생동안 받도록 해야 한다. 그리고 그들이 오남용하고 있는 칭호를 이용해 교회의 지대를 전용하고, 모든 선한 양심과 질서에 어긋나게 교회의 임대료와 각종 수입을 자기들 마음대로 주물러서 교회에 그리고 교회의 토지에 살고 있는 가난한 노동자들에게 심각한 해를 끼치지 못하게 해야 한다.

제12항
우리가 요구하는 개혁의 구체적인 항목들에 관하여

1. 우리가 교회의 직무, 교회 직분자들의 몇 가지 권한과 또한 그와 연관된 권한, 그리고 교회의 재산에 관해서 언급한 것들은 모두 하나님께서 우리를 통해 이루고자 하시는 올바른 개혁이라고 생각하기 때문에, 교회는 이를 좇아 하나님의 말씀과 가장 부합되는 질서를 잡아야 한다. 나라의 형편을 고려하여 특별하게 다루어야 할 사항들도 있는데, 이에 대해서도 우리는 원칙적으로 동일하게 개혁을 추구할 것이고, 따라서 해당 항목들을 정리해서 아래와 같이 밝히는 바이다.

2. 먼저, 전국이 몇 개의 지역으로 나뉘고, 각 지역은 다시금 도시든 시골이든 교구들로 나뉘므로, 모든 교구의 회중들에게 한 명 이상의 목사를 배치해 양떼를 먹이게 해야 하며, 어떤 목회자에게도 하나 이상의 교회나 양떼를 맡겨서 짐을 지워서는 안 된다.

3. 도시에 있든 시골에 있든 이 나라의 모든 교구 교회들을 위해 목회자를 찾는 일이 어려울 것으로 여겨지므

로, 우리는 교회와 영주의 위임을 받은 사람들의 권고에 따라, 시골이나 작은 마을에 있는 교구들은 두세 개나 그 이상을 합쳐서, 중심이 되는 가장 편리한 교회를 유지시키면서 충분히 보수해서, 자격을 갖춘 목회자를 그곳에 임명하고, 필요하지 않다고 판명되는 다른 교회들은 쇠락하게 두어 그 뜰을 매장지로 사용하게 하며, 회중이 너무 많아 하나의 교회로 있기 어려운 교회의 경우에는 둘 이상으로 나눌 수 있다.

4. 교사는 대학교, 대학, 그리고 필요한 다른 곳에 충분한 수를 임명함으로써, 성경의 뜻을 밝히 드러내고, 학교의 책무를 감당하며, 신앙의 기초를 가르치게 해야 한다.

5. 장로에 관해서는 각 회중마다 한 명 이상을 두어 사람들의 생활태도를 살피도록 해야 한다. 모든 개별 교회에 장로회가 필요한 것은 아니고, 도시와 잘 알려진 곳에만 두도록 하여, 장로회의 일을 감당할 판단력과 능력을 갖춘 사람들로 하여금 장로회를 구성하도록 하여야 한다. 개별 교회의 장로들은 함께 모여 공동의 장로회를 구성하고 회합을 위한 장소를 마련해, 공동의 관할권 안에 있는 회중들에 관한 모든 문제들을 다룰 수 있다.

6. 그리고 일단의 사람들을 임명해서 필요와 편의에 따라 교구를 합치거나 나누도록 해야 하는 것과 마찬가지로, 총회는 영주의 동의를 얻어 하나님을 두려워하고 지역의 형편을 잘 아는 사람들을 임명해서, 그들로 하여금 개별 장로회들이 모일 장소를 선정하도록 해야 한다. 이때는 예전에 주교 관구가 어떻게 나누어져 있었는지, 그리고 이 나라 각 지역과 고장의 형편은 어떤지를 고려해야 한다.

7. 마찬가지로 노회나 대회의 경우, 얼마나 많은 사람이 어디에서 얼마나 자주 모여야 하는지에 관해서는 총회에 그 권한이 있고 총회가 정하는 규정에 따라야 한다는 점은 쉽게 받아들여질 수 있다.

8. 보통 총회라 불리는 국가 차원의 회의체 또한 고유의 권한을 지니고 독자적인 공간을 보유하고 있어야 한다. 교회들에게 총회를 위한 편리한 시간과 장소를 정해서 알려줄 권한도 지닌다. 고위 관료든 하급 관료든 간에 모든 사람들이 교회 관련 소송에서 총회의 판단에 복종해야 하며, 이 나라 안에서 세속 재판관이나 교회 재판관에게 따로 항의하거나 항소할 수 없다.

9. 교회 직무에 부름을 받은 사람들을 선출해서 그

들로 하여금 교회가 적그리스도에 의해 타락하지 않는 한 중단 없이 그 일을 계속 해나가도록 할 자유가 이 나라 안에 회복되고 또 존속되기를 원한다. 그렇게 되어 초기의 사도적 교회의 관습과 선한 질서가 요구하는 대로, 합법적인 선출과정과 회중들의 동의를 거치지 않고서는 영주나 관료가 특정인을 공동체에 강제적으로 밀어 넣을 수 없어야 한다.

10. 하나님의 말씀이 요구하는 이 질서는 교황주의 교회에서 관행이 되어 온 후원금과 성직록과 양립할 수 없기 때문에 우리는 참으로 하나님을 두려워하는 모든 사람들이 다음과 같은 것을 진지하게 고려하기를 바란다. 후원금과 성직록이라는 명목들이 그 결과와 더불어 오로지 교황과 교회법의 타락에서 비롯되어 온 것들인 만큼, 그리고 영혼을 돌보는 교회에 특정인을 앉히고 밀어 넣어 왔던 만큼, 또 하나님의 말씀에 어떠한 근거도 두지 않고 오히려 그에 상반되는 방식으로, 또 앞에서 말한 선출의 자유에도 어긋나는 방식으로 행해져 온 만큼, 종교개혁의 관점에서 볼 때 이런 것들은 이제 더 이상 발붙일 여지가 없다는 것이다. 그러므로 하나님의 말씀을 붙잡고 그 아들 예수 그리스도의 나라가 임하기를 열망하는 사람

이라면 누구든지 하나님의 말씀과 올바른 교회가 요구하는 정치체제와 질서 또한 기꺼이 맞이하여 받아들이게 될 것이다. 그렇지 않으면 그들이 지금까지 고백해 온 것들이 아무 의미가 없을 것이다.

11. 그럼에도 불구하고 영혼을 돌보는 일을 하지 않는 소위 기관의 지도사제나 성직록 수급자prebendary들에게 일정 기간 토지를 수여하거나 매년 연금을 주는 방식으로 지급되는 성직 후원금과 관련해서는 연륜 있는 성직 수여권자들에게 맡겨, 이런 성직이 공석이 될 때는 거기에 할당된 성직록을 의회의 법령이 정한 대로 교사나 장학생들에게 충당하게 할 수 있다.

12. 교회의 전반적인 수입과 관련해서는 하나님 말씀의 진실성과 그리스도 교회의 순수한 실행과 조화를 이루는 질서가 우리 가운데 승인되어 유지되기를 바란다. 즉 이미 말한 것처럼 앞서 언급한 소정의 성직 후원금을 제외한 교회의 모든 수입과 재산은 네 부분으로 나눌 수 있다. 첫째는 목회자들의 생계와 접대를 위한 몫이고, 둘째는 교회의 장로, 집사, 그리고 교회에 필요한 다른 직분자들, 즉 회의체의 서기, 시편 선창자, 교회 직원과 관리인을 위한 몫이다. 여기에는 또한 학교 교사들도 포함

시켜, 도움을 필요로 하는 오래 된 기관인 학교를 후원할 수 있다. 그리고 셋째는 성도들 가운데 가난한 사람들과 구빈원을 위한 몫이다. 그리고 넷째는 교회의 보수를 위해, 그리고 필요할 경우 교회와 또 공공의 복리를 위해 유익이 되는 특별한 일들을 위해 사용할 몫이다.

13. 그러므로 우리는 교회 재산을 거두어들여 관련된 사람들에게 충실하게 분배하기를 바란다. 교회 재산을 모으고 분배할 책임을 맡은 집사의 사역을 통해, 가난한 자들이 자신들의 몫을 보장받을 수 있고, 목회자들은 아무런 걱정과 근심 없이 살 수 있게 되며, 여분의 교회 기금은 보존되어 올바른 용도로 사용되어야 한다. 집사들이 하나님의 말씀이 요구하는 자질을 갖춘 사람들로 선출된다면, 과거 세속적인 수금원들이 그랬던 것처럼 자신들의 직무를 오남용할 염려는 없다.

14. 그렇지만 많은 사람들에게 이 소명이 위험한 것으로 여겨지기 때문에, 집사들로 하여금 이전에 해왔던 대로 매년 목사와 장로회에 회계보고를 하도록 하고, 교회와 영주가 필요하다고 생각할 경우에는 보증인을 따로 세워 집사들의 충실성에 대한 책임을 지도록 함으로써, 교회수입이 탕진되지 않도록 해야 한다.

15. 이 질서가 효과를 나타내기 위해서는 영주의 임명을 받거나 다른 방식을 통해 교회수입에 관여하는 다른 사람들, 일반 모금원 혹은 특별 모금원이 더 이상 교회수입에 개입하지 못하도록 그 권한을 박탈하는 것이 전제조건이다. 이렇게 하여 앞으로는 교회수입이 전적으로 집사의 사역에 의해 관리되고, 앞에서 언급한 용도대로 분배되도록 해야 한다.

16. 또한 교회수입이 지정된 이러한 용도에 쓰이기에 충분하다는 취지에서, 우리는 예전의 총수입을 줄일 필요가 있다고 생각한다. 교회의 모든 소유권, 즉 교회의 각종 수수료를 결정하고, 십일조뿐만 아니라 토지에 대한 교회의 수입을 산정하는 일체의 권한을 축소하거나 폐지하여, 교회재산이 이전의 자유를 회복하도록 해야 한다. 더욱이 이전에 여러분이 합의하고 서명한 대로 앞으로는 십일조를 오직 토지 노동자들에게 직접 부과하고 그 외의 사람들에게 부과하는 일은 일절 없어야 한다. 예전에 십일조 토지를 관리하는 중개인들을 두어 그들에게 십일조를 부과하던 관행을 없애고 이제 중개인을 거치지 말고 직접 토지 노동자들에게 부과하게 한다는 내용이다. 본 항목을 이해하기 위해서 앞에 있는 『제1치리서』 '제6항 교회의 지대(地代)와 재산에 관하여'를 참고하라 - 역자 주

제13항
이러한 개혁이 모든 신분의 사람들에게 끼칠 유익에 관하여

1. 우리가 말하는 이러한 영적인 통치와 정치체제의 목적은 하나님께 영광을 돌리고, 예수 그리스도의 나라를 진전시키며, 그리스도의 신비한 몸에 속한 모든 사람들이 양심의 평안을 누리고 사는 것이다. 이런 점에 비추어볼 때 우리는 이러한 목적을 중시하는 사람이라면 누구나 양심의 이유 때문에라도 이 질서에 기꺼이 동의하고 따를 것이고, 자신들의 힘이 미치는 한 이 질서를 진전시킬 것이며, 이렇게 함으로써 그들의 양심이 평안을 누리게 되고, 하나님의 말씀과 그들 양심의 증언이 요구하는 바에 온전히 복종하고 그에 반反하는 일체의 부패를 거부하는 데서 오는 영적인 기쁨으로 충만하게 될 것이라는 점을 분명하게 밝히는 바이다.

2. 또한 우리는 우리와 같은 신앙을 고백하는 다른 나라, 민족, 교회에게 선하고 경건한 질서의 모범과 귀감이 될 것이다. 우리가 지금까지 아무런 오류 없이 계속

말씀의 신실함을 지켜오는 것을 보고 그들이 하나님께 영광을 돌려왔듯이 그분의 이름이 찬양받을지어다, 하나님의 말씀과 종교개혁의 순수성이 우리에게 요구하는 치리, 정치체제, 선한 질서에 우리가 순응할 때 우리의 교제 가운데서도 그들은 하나님께 영광을 돌릴 기회를 갖게 될 것이다. 우리가 그러지 않는다면 당연하게도 우리는 "주인의 뜻을 알고도 그 뜻대로 행하지 않는 종은 …"이라는 두려운 판결의 말씀을 듣게 될 수 있다.

3. 더욱이 만일 우리가 우리 가운데 급격히 늘고 있는 예수 그리스도의 가난한 지체들에게 긍휼과 관심을 가지고 있다면 우리는 교회재산 가운데 마땅히 가난한 자들에게 속한 몫이 더 이상 사취됨으로써 그들이 고통당하는 일이 없도록 해야 한다. 그리고 이러한 질서가 충분히 실행된다면 우리가 가난한 자들에 대한 부담을 벗게 되어 큰 위안을 얻게 될 것이고, 거리에서 그들의 울부짖음과 불평이 사라질 것이다. 우리가 지금껏 우리 가운데 가난한 자들을 위한 적절한 조처를 취하지 않고, 우리가 공언하는 말이 허황된 악담이 되고, 적에게 비방의 기회를 제공하고, 순전하고 경건한 사람들의 양심을 상하게 해 왔지만, 이제는 더 이상 다른 민족의 거침돌이 되지 않을

것이다.

4. 뿐만 아니라 이러한 개혁은 모든 평범한 사람들에게 커다란 이로움을 가져다주어, 자신들의 교회를 세우고 유지하는 일의 부담을 덜어주고, 다리를 건설하거나 다른 공공의 일들을 할 수 있게 해줄 것이다. 토지 노동자들의 십일조 납부를 경감시켜 줄 것이고, 그들이 지금껏 교회관료, 임차인, 토지 관리인, 출납원, 강탈자로 불린 자들에게 부당하게 가혹한 대우를 받아온 모든 일에서 놓여날 것이다.

결국에는, 이러한 유익이 왕의 위엄과 나라의 공공복지에 그대로 되돌아갈 것이다. 교회의 다른 일들은 우리가 말한 분배에 따라 충분히 제공되므로, 교회의 창고에 모여 있는 잉여금들은 군주와 나라의 일들을 특별하게 지원하는 일, 그리고 교회의 보수를 위해 정해진 몫에 유익하게 사용되고, 자유롭게 쓰일 수 있을 것이다.

결론적으로 모든 사람들이 이러한 질서에 기꺼이 순응하려 하고, 이 질서에 따라 다스림을 받고자 하고, 군주나 행정관들도 어떤 예외가 없다면, 그리고 교회의 지도자들이 바르게 통치하고 다스린다면, 하나님이 영광을 받으시고, 교회가 든든히 세워지고 교회의 지경이 넓혀지고, 예수 그리스도와 그의 나라가 수립되고 사탄과 그 나라는 전복될 것이며, 하나님께서 우리 가운데 거하시면서 예수 그리스도를 통해 우리를 위로하실 것이다. 그리스도는 성부와 성령과 함께 영원한 복 가운데 거하시도다. 아멘.